ビジネス契約書
の基本知識と実務

弁護士 花野信子 著

第1章 ●ビジネス契約とは
第2章 ●ビジネス契約書の基本実務
第3章 ●具体的検討例

発行 ㊎ 民事法研究会

はしがき

　「弁護士は契約に詳しいか？」と聞かれた場合、「契約法には詳しいが、契約実務については経験による」というのが正しい回答のように思います。なぜなら、契約、特にビジネス契約は、多種多様なビジネスの個性を反映しているため、学問としての契約法だけでは対応しきれないことが往々にしてあり、実務からの視点や実務経験が非常に重要になるためです。

　正直、筆者も契約法こそ学んでいたものの、実際に契約書を検討したのは弁護士になってからでした。契約が「当事者の合意」で成立する以上、合意の数と同じだけのさまざまな内容の契約が可能であることや、個々のビジネス特有のリスクを把握しなければならないことなどを、実務において実感しました。また、押印の仕方、契約書の綴じ方などといった契約書の形式にかかる基礎的事項についても、実務に接して初めて学びました。弁護士になりたての頃、一人で調印の場に立ち会った際には（海外企業との調印現場でした）、非常に緊張したことを今でもよく覚えています。

　今回、「入門編としてわかりやすいものを」との執筆のご依頼を受け、浅学非才の身ながら、初心者がどのように契約実務に携わっていくかという視点であれば、駆け出しの頃の経験や、ここ何年間か入門者向けに契約の基礎セミナー・研修を行っている経験等を活かして対応することが可能かと思い、お引き受けしました。よって、本書は、筆者が実務を通じて学んだことや、セミナー等でご質問を受けたことなどを記載している部分がほとんどであり、いわば筆者の備忘録のようなものになっています。学問的な分析が不十分な点が多々ありますが、今後の課題としたいと思います。

　さて、本書は3部構成になっています。

　第1章では、筆者が考えるビジネス契約の特徴について記載しました。契約実務に初めて接する方は、まず本章からお読みいただきたいと思います。すでに経験がある方も、自らの経験に照らして、ビジネス契約における担当者の役割についてあらためて確認していただければ幸いです。

はしがき

　第2章では、ビジネス契約に関する基礎実務を形式面・内容面双方からできるだけ簡潔にまとめました。日々の実務で疑問が生じた際の手引として、ご利用いただくことを念頭にしています。

　契約書の形式面、いわば契約書のマナーについて、実務の現場では、「習うより慣れろ」が先行し、その趣旨・意味を理解せずに何となく行っているケースもみられますが、「なぜ、契印をするのか？」「原本を2通作成するという契約文言と印紙税負担との関係は？」などといった点についても説明を加えることで、基本知識として定着しやすくなるのではと考えました。

　また、契約内容については、契約書を「ビジネス条項」「リスク管理条項」「定型条項」の3つに分けてとらえることを提唱しています。ぜひ、契約書の作成・確認の際にご活用いただければと思います。いくつか文例も紹介していますが、あわせて「契約のひな形はあくまでひな形であって、それのみでは十分なリスク対応ができない」というメッセージも伝わるよう意識しました。

　第3章はモデル契約例の紹介とそのポイントの説明が中心です。あくまでもモデル例ですが、各契約のポイントを理解することで、契約書の解釈・作成の際の参考にしていただきたいと存じます。

　本書が少しでも皆様のお仕事の手助けになれば大変うれしく思います。

　最後に、数年前にご依頼を受けながら、日々の業務の忙しさを理由に原稿が遅れに遅れてしまいましたが、辛抱強くお待ちいただいた民事法研究会の近藤様に深く感謝します。また、冒頭に記載したように、ビジネス契約はビジネスの現場あってのものであり、さまざまな機会を与えてくださったクライアントの皆様および駆け出しの頃からご指導いただいた錦戸景一弁護士に心からお礼申し上げたいと存じます。

　2008年1月

弁護士　花　野　信　子

目 次

第1章 ビジネス契約とは

I 契約とは……2

1 契約の定義……2
　(1) 定義の重要性……2
　(2) 契約とは何か……3
　　【契約締結における基本的な注意点】……4
　(3) 「契約書」以外でも契約は成立する……4
　　【契約書に明記されていなかったが、従来の交渉経過より土地の売買がいわゆる数量指示売買にあたるとされた事例】……5
　　【メモの作成が契約書の作成とは認定されなかった事例】……5

2 契約書の機能……6
　(1) 契約書作成の4つのメリット（明確・慎重・証拠・特約）……6
　(2) 担当者のリスク回避……7
　(3) トラブル発生時、裁判時における契約書の役割……8
　　ア　トラブルの想定とその予防……9
　　　(ア) 提携先の社長が逮捕された――提携契約の解除事由に該当するか？……9
　　　(イ) 新商品の購入を決めた――従来の購入契約で問題ないか？……10
　　　(ウ) 資金繰りが苦しい状況にある。代金が期日どおりに入ってこないようなことであれば、直ちに契約を解除して違う相手へ売りたい――従来の取引契約で問題ないか？……10
　　イ　第三者（裁判所）にとって明確な契約書が必要……10

【目的物の特定がないことを理由に和解が無効になった事例】………12
　　(4) 契約書は万能ではないが、助けにはなる………………………………12
　3　契約自由の原則、契約と法の関係………………………………………13
　　(1) 契約自由の原則……………………………………………………………13
　　(2) 契約自由の原則の制限（強行法規、公序良俗違反など）……………13
　　(3) 契約と法はどちらが優先するのか？……………………………………14

II　ビジネス契約の特徴、留意点………………………………………………17
　1　「会社」の権利・義務であること——社内との関係…………………18
　　(1) 担当者が会社を代弁する——担当者の責任の重さ……………………18
　　(2) 他の部署や専門家の協力…………………………………………………19
　　　ア　他の部署とのつきあい方………………………………………………19
　　　イ　法務部や弁護士とのつきあい方………………………………………20
　　(3) 契約内容の社内への徹底…………………………………………………22
　2　相手方とのパワーゲーム——社外との関係……………………………23
　　(1) 契約に現れる力関係………………………………………………………23
　　(2) パワーゲームへの対処法…………………………………………………24
　3　コンプライアンスへの配慮——社会との関係、会社の品格…………26

第2章　ビジネス契約書の基本実務

I　体裁・形式……………………………………………………………………28
　1　方式自由であるが、マナーを押さえる必要あり………………………28
　2　一般的な契約書の形式……………………………………………………29
　　(1) 契約書の表題（タイトル）………………………………………………30
　　　ア　契約書、覚書、合意書とは？…………………………………………30

イ　基本契約、個別契約とは？ ································· 31
　(2)　条文の見出し ·· 32
　(3)　前　文 ··· 32
　(4)　後　文 ··· 33
　　　ア　印税紙との関係 ··· 33
　　　イ　成立要件の問題 ··· 34
　(5)　日　付 ··· 34
　(6)　署名、記名・捺印 ··· 35
　　　ア　署名、記名の違いとは？ ··· 35
　　　イ　捺印は認印でもよいのか？ ······································· 36
　　　ウ　その他の印 ··· 36
　　　　　(ｱ)　契　印 ··· 36
　　　　　(ｲ)　割　引 ··· 36
　　　　　(ｳ)　訂正印 ··· 37
　　　　　(ｴ)　捨　印 ··· 37
　　　　　(ｵ)　消　印 ··· 39
　(7)　当事者──締結権限があるのは誰か ······························· 39
　　　ア　代表取締役 ··· 39
　　　イ　取締役 ··· 40
　　　ウ　支配人 ··· 41
　　　エ　事業本部長 ··· 41
　　　オ　部長、課長 ··· 42
　　　【契約の締結権限者】 ··· 42
　(8)　印　紙 ··· 43
　(9)　その他 ··· 44
　　　ア　当事者は「甲」「乙」と表記しなければならないのか？ ········· 44
　　　イ　社名変更の場合、契約を締結し直す必要があるか？ ············· 45

5

ウ　組織再編の場合、従来の契約関係はどうなるのか?……45
　　　　　㋐　合併、会社分割……45
　　　　　㋑　事業譲渡……46
　　エ　契約が終了した場合、何か手続を要するか?……46
　　オ　契約書の綴り方……47
　【製本の仕方】……47

II　契約書本文のつくり方——ひな形のない契約書のつくり方……49

1　契約書の構成を理解する(3部構成で考える)……49
2　契約書本文を作成する……51
　(1)　ビジネス条項……51
　　ア　民法の典型契約の応用……51
　【民法の13の典型契約】……51
　　イ　5W1Hの応用……52
　【一般の5W1H】……52
　【ビジネス契約への応用】……52
　【スポンサーシップ契約の場合】……53
　【フランチャイズ契約の場合】……53
　　ウ　まずは箇条書き、メモ書きで考える……53
　【スポンサーシップ契約のメモの例】……54
　　エ　ビジネス条項の記載例……55
　　　　㋐　物やサービスの特定……55
　　　　㋑　物の引渡し・サービスの提供……57
　　　　㋒　検　査……58
　　　　㋓　支払日、支払方法……59
　【支払方法の検討】……59
　【下請法の制限】……60

【コンサルティング契約の場合】……………………………………60
　　　　　(オ) 所有権の移転、権利の帰属……………………………61
　　　【所有権の移転時期に係る判例】………………………………61
　(2) リスク管理条項………………………………………………………63
　　ア　リスク管理条項の重要性……………………………………………63
　　イ　主なリスク管理条項…………………………………………………64
　　ウ　物のリスク……………………………………………………………65
　　　　(ア) 瑕疵担保条項（売買契約の場合）……………………65
　　　　　(A) 民法の原則……………………………………………65
　　　　　(B) 商人間の売買の例外（商法による特則）………………66
　　　　　(C) ビジネス契約におけるバリエーション…………………68
　　　　　(D) 瑕疵担保条項の主なチェックポイント…………………68
　　　【損害賠償の免除を認めない例】………………………………73
　　　　　(E) 請負契約の瑕疵担保条項……………………………74
　　　【売買契約と請負契約における瑕疵担保条項の違い】………74
　　　　(イ) 危険負担条項……………………………………………75
　　　　(ウ) 製造物責任条項…………………………………………77
　　エ　支払リスク……………………………………………………………79
　　　　(ア) 債務保証条項……………………………………………79
　　　　(イ) 保証金条項等……………………………………………81
　　　　(ウ) 相殺条項——合意による相殺…………………………82
　　　　(エ) 所有権留保条項…………………………………………84
　　オ　取引全体に関するリスク……………………………………………86
　　　　(ア) 損害賠償条項……………………………………………86
　　【契約締結上の過失に基づく損害賠償請求が認められた例①】………89
　　【契約締結上の過失に基づく損害賠償請求が認められた例②】………90
　　　　(イ) 解除条項…………………………………………………91

【解除をめぐる3つの問題】··92
　　　　(A)　解除事由に該当するかどうか······························93
【2つの契約のうち1つの契約の不履行を理由に、もう1つの
契約を解除できるとした事例】··96
　　　　(B)　解除が制限される場合··97
【〔事例2〕で倒産解除特約の契約解除をできない理由】········98
　　　　(C)　無催告解除···100
　　　　(D)　同時履行の抗弁権との関係··································101
　　(ウ)　譲渡禁止··102
　　(エ)　チェンジ・オブ・コントロール条項（支配権移動条項）···103
　　(オ)　秘密保持条項···104
　　(カ)　競業避止条項···107
(3)　定型条項··107
　ア　不可抗力条項···108
　イ　誠実交渉義務···108
　ウ　準拠法および裁判管轄···110
(4)　その他注意すべき条項··110
　ア　自動更新条項···110
　イ　分離可能性···111
　ウ　完全条項···111
　エ　公租公課の定め···112
　　【買主が負担する公租公課に、特別土地保有税を含ませるべきでは
　　ないとした事例】···113
3　契約書で注意すべき言い回しの例等··································114
(1)　「……等」··114
(2)　「……を含むがそれらに限られない」「その限りでない」·········115
(3)　「協議により定める」「協議する」·······································115

(4)　「事前に通知し」 ··· 115
　(5)　「直ちに」「速やかに」「遅滞なく」 ······················· 116
　(6)　「……とみなす」 ··· 116
　(7)　「甲は本商品を売り渡し、乙はこれを買い受ける」 ······ 117
　(8)　「……することができる」「……しなければならない」
　　　「……するものとする」 ·· 117
　(9)　「責めに帰す事由により」 ······································ 118
　(10)　「乃至（ないし）」 ··· 118
　(11)　「重大な違反」「重大な瑕疵」 ······························ 118
　　【売主の説明義務違反を理由に売買契約の解除が認められた事例】 ········ 118
　(12)　契約書は丸く読まない ··· 119

第3章　具体的検討例

I　各種契約の主なチェックポイント ························· 122
1　売買契約 ·· 122
2　製造委託契約 ·· 124
　(1)　契約の性質（売買か、請負か） ······························ 124
　(2)　下請法の適用 ··· 125
　　ア　親事業者、下請事業者 ··· 125
　　イ　親事業者の義務、禁止行為 ·································· 126
　　【親事業者の4つの義務】 ··· 127
　　【親事業者の禁止事項】 ·· 127
　(3)　製造委託契約の主なチェックポイント ···················· 128
　　ア　ポイント4：委託の内容・範囲は明確か ················ 130
　　イ　ポイント5～7：支給材等についての定め ············· 131

9

ウ　ポイント8：所有権の移転時期（完成品・支給材）……………131
　　　エ　ポイント9・10：引渡方法・検収・自主検査………………132
　　　オ　ポイント11：代金支払い……………………………………132
　　　カ　ポイント8・15：支給材の目的外使用の禁止、模造品製造の禁止…133
　　【指針の概要】…………………………………………………………134
　　　キ　ポイント14：再委託…………………………………………134
　　　ク　ポイント21：知的財産権……………………………………135
　3　業務委託契約…………………………………………………………135
　　(1)　契約の性質………………………………………………………135
　　(2)　業務委託か、労働契約か………………………………………136
　　(3)　労働者性の判断基準……………………………………………138
　　【労働者性の判断基準】………………………………………………138
　　(4)　業務委託契約の主なチェックポイント………………………139
　　　ア　ビジネス条項…………………………………………………140
　　　　(ｱ)　委託の内容・範囲が明確か…………………………………140
　　　　(ｲ)　スケジュールが明確か………………………………………140
　　　　(ｳ)　報酬の支払方法は、委託業務の性質に合っているか………140
　　　　(ｴ)　費用負担について明確に規定されているか………………141
　　　　(ｵ)　成果物がある場合の知的財産権の帰属は定めたか………141
　　　イ　リスク管理条項………………………………………………141
　　　　(ｱ)　秘密保持………………………………………………………141
　　　　(ｲ)　第三者への同一業務の委託禁止条項………………………142
　　　　(ｳ)　成果の無保証…………………………………………………142
　　　　(ｴ)　引き抜きの禁止………………………………………………143
　4　金銭消費貸借契約……………………………………………………143
　　(1)　契約の性質（要物契約）………………………………………143
　　(2)　金銭消費貸借の主なチェックポイント………………………145

　　　　ア　ポイント1：金額の明記………………………………146
　　　【金銭貸付の方法として手形を交付した場合の消費貸借の
　　　成立金額に関する事例】………………………………………146
　　　　イ　ポイント2：金銭交付の事実………………………………146
　　　　ウ　ポイント3・9：利息、遅延損害金、利息制限法………146
　　　　エ　ポイント5：保証人……………………………………148
　　　【保証契約の適正化】……………………………………………148
　　　　オ　ポイント6：物的担保…………………………………149
　　　　カ　ポイント7：期限の利益の喪失…………………………149
　　　　キ　ポイント10：公序良俗違反の使途に使われるものではないか………150
　5　秘密保持契約……………………………………………………150
　　(1)　秘密保持契約が締結される場面とその方法………………150
　　(2)　秘密とは…………………………………………………151
　　　　ア　不正競争防止法の定義…………………………………151
　　　　イ　秘密保持契約における秘密……………………………152
　　(3)　秘密保持契約のチェックポイント…………………………153
　　　　ア　秘密情報の内容を規定したか…………………………153
　　　　イ　秘密保持義務の内容を規定したか……………………153
　　　　ウ　公序良俗違反とならないか……………………………155
　6　リスク回避の視点………………………………………………156

II　モデル契約……………………………………………………157

　1　売買基本契約……………………………………………………157
　2　動産売買契約（現状有姿売買）………………………………167
　3　製造委託契約……………………………………………………170
　4　金銭消費貸借契約………………………………………………188
　5　秘密保持契約……………………………………………………191

目 次

  6 解除通知 ··196

  7 債権譲渡通知 ··198

  8 和　解 ··201

   (1) 定　義 ··201

   (2) 和解の種類──裁判上か裁判外か ·····················201

  9 その他（内容証明・公正証書） ······························204

   (1) 内容証明 ··204

    ア 内容証明郵便制度とは ···································204

    イ 差出方法 ··205

    ウ 書式・体裁等 ···205

     (ｱ) 字　数 ··205

     (ｲ) 使用可能文字等 ··206

     (ｳ) 訂正方法 ··206

     (ｴ) 契　印 ··206

    エ 電子内容証明 ···206

   (2) 公正証書 ··207

    ア ビジネス契約における利用場面 ···················207

    イ 公証役場の利用の仕方 ···································208

    ウ 電子公証制度 ···209

事項索引 ··210

〔図表一覧〕

〈図表1〉 契約とは ··3

〈図表2〉 契約文書の4つのメリット ·····································7

〈図表3〉 ビジネス契約の3つの特徴 ······································17

〈図表4〉 法人を担当者が代理 ··18

〈図表5〉	契　印	37
〈図表6〉	割　印	37
〈図表7〉	訂正印	38
〈図表8〉	捨　印	38
〈図表9〉	消　印	38
〈図表10〉	代理行為	39
〈図表11〉	契約書の綴り方	48
〈図表12〉	売買契約の構成	49
〈図表13〉	保償請求期間の起算点	69
〈図表14〉	製造物責任	78
〈図表15〉	保証契約	80
〈図表16〉	相　殺	82
〈図表17〉	三者間の相殺	83
〈図表18〉	業務委託と労働契約の違い	136
〈図表19〉	業務委託の注意点	137

〔記載例一覧〕

《記載例1》	別紙による物・サービスの特定条項	55
《記載例2》	仕様書による物・サービスの特定条項	55
《記載例3》	コンサルティング・サービス内容の特定条項	56
《記載例4》	引渡条項	57
《記載例5》	サービスの提供方法についての条項	57
《記載例6》	検査条項	58
《記載例7》	支払条項	59
《記載例8》	コンサルティングの料金条項	60
《記載例9》	所有権移転条項	62
《記載例10》	コンサルティング・ノウハウの帰属条項	62
《記載例11》	救済措置の限定条項	68

目次

- 《記載例12》　無保証条項　　70
- 《記載例13》　無過失責任の明確化条項　　71
- 《記載例14》　所有権移転・危険負担条項　　76
- 《記載例15》　製造物責任条項　　79
- 《記載例16》　債務保証条項　　80
- 《記載例17》　保証金条項　　81
- 《記載例18》　根抵当権設定条項　　81
- 《記載例19》　質権設定条項　　81
- 《記載例20》　三者間の相殺条項　　84
- 《記載例21》　相殺条項（期限の利益の放棄）　　84
- 《記載例22》　所有権留保条項　　85
- 《記載例23》　一般的な損害賠償条項　　86
- 《記載例24》　具体的な損害賠償条項　　87
- 《記載例25》　独占的交渉義務違反に伴う損害賠償条項　　89
- 《記載例26》　解除条項　　91
- 《記載例27》　解除事由の具体化条項　　94
- 《記載例28》　チェンジ・オブ・コントロール条項(1)　　95
- 《記載例29》　複数契約が存在する場合の解除条項　　96
- 《記載例30》　倒産解除条項　　97
- 《記載例31》　同時履行の抗弁権を放棄する特約条項　　102
- 《記載例32》　譲渡禁止条項　　103
- 《記載例33》　チェンジ・オブ・コントロール条項(2)　　104
- 《記載例34》　秘密保持条項　　105
- 《記載例35》　秘密情報の定義条項　　105
- 《記載例36》　競業避止条項　　107
- 《記載例37》　不可抗力条項　　108
- 《記載例38》　誠実交渉条項　　108
- 《記載例39》　独占交渉義務条項　　109

《記載例40》 裁判管轄条項 ……………………………………… 110
《記載例41》 自動更新条項 ……………………………………… 110
《記載例42》 分離可能条項 ……………………………………… 111
《記載例43》 完全条項 …………………………………………… 111
《記載例44》 公租公課条項 ……………………………………… 112
《記載例45》 秘密情報 …………………………………………… 153

〔書式例一覧〕

【書式例1】 一般的な契約書の形式 …………………………… 29
【書式例2】 売買基本契約書 …………………………………… 157
【書式例3】 売買契約書 ………………………………………… 167
【書式例4】 製造委託基本取引契約書 ………………………… 170
【書式例5】 金銭消費貸借契約書 ……………………………… 188
【書式例6】 秘密保持契約書 …………………………………… 191
【書式例7】 解除通知 …………………………………………… 196
【書式例8】 債権譲渡通知・承諾書 …………………………… 198
【書式例9】 和解契約書――金銭消費貸借契約 ……………… 202

凡　例

【法令】

独占禁止法	私的独占の禁止及び公正取引の確保に関する法律
下請法	下請代金支払遅延等防止法
特定商取引法	特定商取引に関する法律
出資法	出資の受入れ、預り金及び金利等の取締りに関する法律

【判例集・文献・ホームページ】

民集	最高裁判所民事判例集
民録	大審院民事判決録
判時	判例時報
判タ	判例タイムズ
金法	金融法務事情
金判	金融・商事判例
労判	労働判例
内田民法Ⅱ	内田貴『民法Ⅱ（債権各論）〔第2版〕』（東京大学出版会）
内田民法Ⅲ	内田貴『民法Ⅲ（債権総論・担保物権）〔第3版〕』（東京大学出版会）
裁判所HP	裁判所ホームページ〈http://www.courts.go.jp〉

【参考文献】

・佐藤孝幸『実務　契約法講義〔第3版〕』（民事法研究会）
・滝川宜信『取引基本契約書の作成と審査の実務〔第2版補訂版〕』（民事法研究会）
・川越憲治『下請取引の法務』（商事法務）
・吉田正夫『ソフトウェア取引の契約ハンドブック」（共立出版）

第1章

ビジネス契約とは

---**第1章のポイント**---

☆ 契約の定義の重要性
☆ 契約書作成の4つのメリット(明確・慎重・証拠・特約)
　特に、契約 > 法律のメリットをどう活かせるか
☆ ビジネス契約における担当者の責任の重さ
　(社内)社内調整
　(社外)相手方とのパワーゲーム
　(社会)コンプライアンス

I 契約とは

1 契約の定義

(1) 定義の重要性

　一般に、契約関係の書物の導入部には、「……とは？」「……の定義」といった事項が記載されることが多い。読者としては、「そのような解釈論は必要ではない」「勉強ではないのだから、具体的に役立つ知識のみ書かれていればよい」というのが正直なところかもしれない。

　しかし、ここで、以下のような場面を想定してほしい。

> A　取引先X社より、「貴社から〇〇〇という話があったので、もうこちらは社内でその点については決済をとりました。すでにその点は合意しているというのが当社の考えです」と言われた。しかし、前回の会議で、あなたは、「△△△△という条件を満たせば、〇〇〇というX社の要望も社内で通るかもしれない」と言っただけだった。

> B　前任者から引き継いだ取引先X社より、「前任者より〇〇〇の条件で取引してもらっていた。今後も同様の条件で続けるのが当然だ」という話があなたにあった。調べてみると、前任者は、別の取引の失敗を理由に、会社に明らかに損害を与えるような不利・不当な条件で取引を行っていた。

　上記の場面で「まだ契約は成立していない」「そのような契約はおかしい」と取引先X社に対して言うことができるかどうかは、結局のところ、「契約とは何か」に帰結する。なぜなら、定義が問題を解決する切り口としての重

要な役割を果たすためである。

よって以下では、まず契約の定義について簡潔に説明する。

(2) 契約とは何か

契約とは ㋐「相対立する複数の意思表示の合致（申込みと承諾）によって成立する法律行為」また、その効果に着目すると ㋑「私法上[(1)]の効果を発生させる合意であり、裁判所によってその履行が保護されるもの」と定義される。裁判所による履行保護とは、究極的には、勝訴の際、裁判所より付与される債務名義に基づき敗訴者の財産に強制的に執行できることを意味する。

〈図表1〉 契約とは

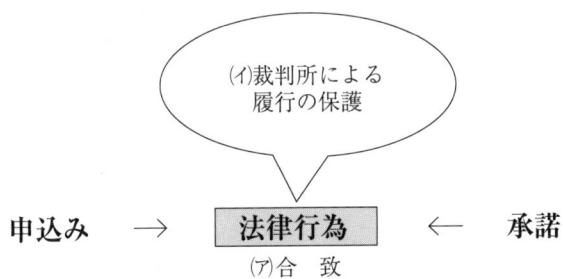

たとえば、上記 (1) A であげた例でいえば、「△△△△という条件を満たせば、○○○という X 社の要望も社内で通るかもしれない」という発言のみでは、まだ、法律行為に向けた具体的な「申込み」とはいえない。したがって、相対立する複数の意思表示の合致たる契約は存在しないと主張し得る。

また、(1) B の例のように、意思の合致はあるものの、会社に明らかに損害を与えるような不利・不当な条件で取引の場合、その不利・不当の程度に

---

(1) 私法とは、私人間の権利義務関係を規律する法規範であり、代表的なものが、民法・商法である。

よっては「裁判所によりその取引の実行が保護されない」可能性が十分ある。したがって、従来の条件での契約は継続できないとの主張も成り立ち得る。

このような契約の定義の検討から、契約締結の際に注意すべき2つの基本的な注意点が導かれる。

【契約締結における基本的な注意点】

> ●特定の法律行為に向けた意思の合致にずれがないか
> ●合意事項が、裁判所によって保護され得る内容のものか

(3) 「契約書」以外でも契約は成立する

契約とは、必ずしも、契約「書」による契約を意味するものではない。日本法においては、原則、口頭でも契約は成立し、契約は必ずしも文書によって作成しなければならないものではない（ただし、法律で契約書作成が義務づけられている例もある[2]）。

したがって、取引先との電話のやりとり、会議での発言等によっても契約が成立し得ることに注意が必要である。実際に裁判においても、契約書「外」のやりとりが、両当事者との合意内容として認定された場合もある。

---

(2) 法律より契約書の作成が求められている例
・農地の賃貸借、建築工事請負契約、労働協約等
・民法改正（平成17年4月1日施行）により保証契約は書面（または電磁的記録）で行われなければ効力を生じないものとされ（保証契約の要式行為化）、また貸金等根保証契約については書面（または電磁的記録）で極度額を定めなければ効力が生じないものとされた。
・個人情報保護法（平成17年4月1日施行）でもガイドラインにおいては契約書の締結を当然の前提とした記述がなされている（例："業務委託契約書に盛り込むことが望ましい事項"等）。

【契約書に明記されていなかったが、従来の交渉経過より土地の売買がいわゆる数量指示売買(3)にあたるとされた事例】

> 最一小判平成13・11・22判時1772号49頁
> 市街化区域内に所在する50坪余りの更地の売買契約において、契約書には目的物件の表示として公簿面積のみが記載されていたとしても、それが住宅用の敷地として売買されたものであり、代金額については、坪単価に面積を乗じる方法により算定することを前提にして、売主が提示した坪単価の額からの値下げの折衝を経て合意が形成され、当事者双方とも土地の実測面積が公簿面積に等しいとの認識を有しており、契約書における公簿面積の記載も実測面積が公簿面積と等しいか少なくともそれを下回らないという趣旨でされたものであるなど判示の事情の下においては、当該土地が公簿面積どおりの実測面積を有することが売主によって表示され、実測面積を基礎として代金額が定められたものということができ、その売買契約は、いわゆる数量指示売買にあたる。

　上記のような判例がある一方で、メモに契約としての拘束力を認めなかった裁判例もある。
　実務としては、重要な点は書面に残し、かつその書面の性格（単なる議事録なのか、契約なのか）を明記する対応が必要となる。

【メモの作成が契約書の作成とは認定されなかった事例】

> 東京高判平成12・4・19判時1745号96頁
> 本件メモの記載内容は、ライセンス契約における基本的な事項を示すものであるということができるとしても、それのみをもって契約により生ずる当事者

---

(3) 数量指示売買とは、当事者において目的物の実際に有する数量を確保するため、その一定の面積・容積・重量等を売主が契約において表示し、かつ、この数量を基礎として代金が定められた売買をいう。

> 間の権利義務関係を確定するに足りるものということができないことは明らかであり、そしてそれを確定するに必要な事項についてはさらに協議をしたうえで契約書を作成することを予定していたものである以上、そこにその時点において了解に達した事項が記載されているからといって、その事項のみについて直ちに契約としての効力を発生させる意思をＡおよびＢらにおいて有していたものと推認することはできないというべきである。
>
> 　もし、上記のような体裁および内容の本件メモに当事者を拘束する契約としての効力をもたせることを署名当事者が意図したのであれば、その旨を特に明記することこそ自然であるというべきである。

２　契約書の機能

（1）　契約書作成の４つのメリット（明確・慎重・証拠・特約）

　契約は必ずしも文書によって作成しなければならないものではない。しかし、契約「書」の作成には、以下のようなメリットがある。

> ①　文書によって特定することにより、当事者の**意思内容が明確**になる。
> ②　口頭の契約よりも**慎重に対応する**（安易な締結をしない。文書で残っている以上、守らなければならない、という意識が働く）。
> ③　**合意内容が証拠として残る**。

　上記①ないし③は、いわば文書化によるメリットである。なお、公正取引委員会・中小企業庁が作成している「下請取引適正化推進講習会」のテキストの表紙には、「発注書　言った言わない　なくすモト」とのスローガンが記載されていたことがあった。

　上記の文書化のメリットに加え、契約書には以下のメリットもある。

〈図表2〉 契約文書の4つのメリット

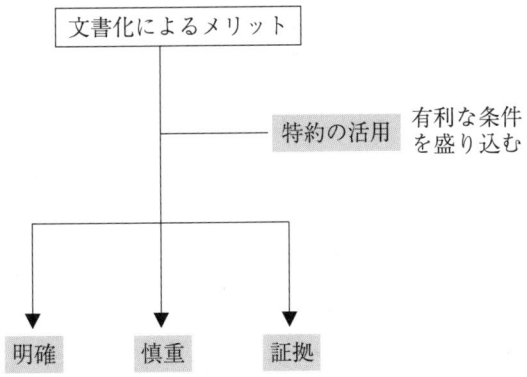

> ④ 法律よりも有利な条件を定める、ビジネス特有のリスクに対する対応を規定するなど、**特約を活用**できる。

　特約の活用とは、たとえば、瑕疵担保の保証期間を延長したり、催告なくして解除できる旨を定めたり、ビジネスの特徴にあった解除原因を定めるといったことである。この④のメリットはもちろん口頭の契約においても享受可能だが、通常口頭の契約ではそこまで詳細に検討されない。

(2) 担当者のリスク回避

　実務においては、「いちいち契約書を締結すると文言の調整に時間がかかり、取引のスピードが落ちる」「弁護士が入るとリスク面の文言にこだわり、なかなかビジネスが進まない」といった声を耳にすることもある。

　確かに、トラブル発生の割合が仮に1割とすると、残り9割のビジネスの効率を落としてまで「契約書」を作成する必要があるのかという疑問も当然生じるであろう（もっとも、1割のトラブルの発生が会社を揺るがすような事態もある）。

この点、ビジネス契約とは、「担当者」自身の権利・義務ではなく、「会社」の権利・義務を定める契約であるという視点を忘れてはならない。自分自身ではなく、いわば会社という「他人」の権利・義務に関する取引で、しかも、個人の場合と比較してはるかに多額の金銭・物が動き、多くの利害関係人が関与することを考えれば、やはり、「契約書」を締結し、前述(1)の4つのメリット（明確・慎重・証拠・特約）を確保すべきだろう。

　また、担当者自身のリスク回避のためにも、多少の手間があっても契約書を締結しておくことは重要である。契約が書面になっていないということは、裏返せば、口頭で成立した契約内容の証明すべてが担当者1人の責任にかかってくる可能性があるということである。

　少なくとも、取引金額が大きいもの、新規の取引または信用不安の生じている相手方との取引等においては契約書を作成すべきである。ただし、慣れ親しんだ取引先でもいったんトラブルが生じると、従来とは異なることを言い出したり、また担当者が代わって（代えられて）従来の合意内容を反故にするといった事例も少なからず存在する。したがって新規取引や信用不安が存する場合に限らず、やはり契約書を整えておく必要性は高い。

(3) トラブル発生時、裁判時における契約書の役割

　契約書に注目が集まるのは、契約締結時を除いては、以下の2つの場面であろう。

```
① トラブル発生時
② 裁判時
```

　ビジネスが通常どおりまたは予定どおりに動いている時点では、契約書の存在感は乏しい。実際、トラブルが発生するまでは、契約書は会社のキャビ

ネットに保管されていてあまり目にされることがないのが現状と思われる。

　一方で、トラブル発生時や裁判時に契約書が問題になるということは、逆にいえば、そのようなときに自己に有利に働く契約書の作成が求められているといえる。以下、いくつかの事例を検討する。

ア　トラブルの想定とその予防

　契約書作成においては、トラブルを想定して、その対応につき可能な限り自らに有利に定めておくことが非常に重要である。

㋐　提携先の社長が逮捕された
──提携契約の解除事由に該当するか？

　1つ極端な例をあげるとすると、たとえば、事業提携先の社長がプライベートなことで逮捕されたとしよう。通常の事業提携契約では、契約の解除事由として、事業提携先である「会社」の債務不履行、信用不安までは規定していたとしても、「社長」の逮捕までを解除原因としていることはほとんどない。しかし、実際に事業提携先の社長が逮捕されるような場合、株を持ち合っていれば株価の低迷で思わぬ損害を被るリスクがあり、また提携事業の今後の見通しも不透明になり、早急な提携見直しが必要となるような場合もある。このような場合、その提携が、当該社長自身の能力・影響力等を重視して締結されたものであれば、解除事項に「締結時現在の代表取締役がその職を辞することになった場合」と定めておけば、社長逮捕の際に、解除することも可能となる（社長逮捕の場合、解任または辞任等するのが一般的である）。または、「相手方または相手方の代表者が重大な法令違反を犯し、もしくはその嫌疑により司法手続の対象とされたとき」との記載も可能であろう。

　これは、「会社に〜が生じた時に解除できる」とする「ひな形的」な解除文言では、具体的なリスクを回避できない1例である。

(イ) 新商品の購入を決めた──従来の購入契約で問題ないか？

　たとえば商品の購入の際、従来の取引契約では商法と同様に6か月以内の検査義務が定められていたとする（商法526条）。しかし、その商品が従来の取引では扱っていなかった"新商品"の場合、従来どおりの6か月の検査期間で十分であろうか？　新商品ということは、検査方法も従来とは異なるものとなる可能性はないだろうか？　このような場合、従来よりもさらに検査期間を延ばす、また保証期間を延ばすなど規定を設けておけば、新商品特有のトラブルを回避することも可能になる。

　これは従来の会社の基本契約書や民法の規定をそのまま適用するのみでは、商品に伴う具体的なリスクを回避できない1例である。

(ウ) 資金繰りが苦しい状況にある。代金が期日どおりに入ってこないようなことであれば、直ちに契約を解除して違う相手へ売りたい──従来の取引契約で問題ないか？

　従来の取引契約には、違約の場合は「催告の上、解除」という文言が入っている場合がある。

　また、民法の適用においても、履行「遅滞」の場合は、原則として、解除に際し催告を要する。

　したがって、本件のような事情がある場合は、期日に支払いなき場合は催告することなく即時に解除できるように、契約上の文言を整える必要がある。

　これも、従来の会社の基本契約書や民法の規定をそのまま適用するのみでは、商品に伴うリスクを回避できない1例である（ただし、事情によっては、無催告解除が裁判上、認められないケースもある）。

イ　第三者（裁判所）にとって明確な契約書が必要

　契約書が裁判上問題になる場合、契約書の記載事項の「解釈」、つまり

「この契約文言が意味するところは何か」という点で争いになることが多い。

　本来の契約「書」の機能からいえば、文書化されている以上、内容が明確に特定されていなければならない。しかし、実際には、文言の不統一、市販のひな形そのままの利用、あるいはリスクについての検討不足等により、契約文言の具体的に意味するところが不明確である場合も少なくない。

　そして、当事者同士の意図が契約書には記載されていない内容で一致していたような場合でも、ひとたび裁判になれば、相手方は「契約書記載どおりの合意しか存在しない」と言い切るのが常である。

　したがって、実際に裁判において圧倒的に重要なのは、「実際にどのように契約書に"記載"されているか」である。逆にいえば、契約書の記載以外の内容が仮に真実であったとしても、それを裁判上証明するのは、非常に困難である。裁判とは、証拠により事実を認定するというルールに基づき行われるもので、真実を見抜く神の裁判といったものではないのだからある程度は、いたしかたないだろう。

　したがって、契約書が、「当事者にとってわかる」のみならず、裁判所、つまり当事者と利害関係のない究極的な第三者にとっても「わかる」ものになっているかという点が極めて重要である。

　なお、めずらしい例であるが、裁判所における和解であるにもかかわらず、目的物の特定の記載があいまいであることを理由に、和解が無効になったケースがある。契約書上の「明確化」の重要性につき、示唆に富む事例といえよう（また、たとえ裁判所が作成する和解調書であっても、細心の注意を払わなければならないというやや酷な例ともいえる）。

　和解については、201頁でその定義、種類・留意点等について記載しているのでそちらも参照のこと。

【目的物の特定がないことを理由に和解が無効になった事例】

> **東京地判平成7・10・17判夕918号245頁**
>
> 　賃貸人が賃借人に対して引き続き建物を賃貸する和解が成立したものの、その和解調書添付の物件目録には「2階建店舗の1階部分の内6.6平方メートル」という記載があるのみだった。和解無効の主張に対し、裁判所は「調書の記載自体からは、目的物が本件建物1階部分のうち、どの部分であるかを確定することはできないから、目的物は特定されていないものとして和解は無効というべきであるとし、この理は執行を予定しない和解であっても変りはない」と判断した（なお、賃貸人からの明渡請求については、正当事由がないことを理由に棄却している）。

　「2階建店舗の1階部分の内6.6平方メートル」という記載だけでは、いずれの6.6平方メートルを意味するのかわからない。当事者間ではある程度推定できる場合があるかもしれないが、第三者にとっては全く不明である。契約書作成にあたっては、「事情を知らない第三者が見ても内容が理解でき、契約書のみに基づいて実際に行動や処分ができるか」という視点をもつことが肝要である。

(4) 契約書は万能ではないが、助けにはなる

　既述のように契約書作成には多くのメリットがあるものの、実際のビジネス上のトラブルは契約締結時には想定できなかったものであることが多い。よって、契約書によりすべてのトラブルの解決を求めることは不可能である。

　しかし、よく吟味され検討された契約書がトラブルの発生をより少なくするのは事実である。「ああ、この文言を設けていてよかった」というかたちでトラブル時の強い味方になってくれることもある。

　実際、ビジネスが通常どおり動いているときには、契約書を目にすることはほとんどないが、ひとたび契約に関してトラブルが生じると、「契約書の

文言でこちらに有利に展開できないものか」と目を皿にして一言一句見ることになる。そして、このとき契約書上に、自己の主張を裏づけるような文言を見つけると、来るべき交渉へ向かう気分がかなり軽くなるものである。

3 契約自由の原則、契約と法の関係

(1) 契約自由の原則

契約書のメリットを十分享受しようとするのであれば、その契約書が「有効」に成立していなければ意味がない。せっかく自社に有利な条件で契約が締結されたとしても、その効力が否定されては意味がない。

契約には原則として「契約自由の原則」が適用される。契約自由の原則とは、「私法上の契約関係は個人の自由な意思によって決定され、国家の干渉を受けないという原則」である。この概念の理解には、中学校の授業で習った「自由と平等」を思い起こすとよい。要するに、皆が「平等」なのであるから、その平等な当事者同士がどのように契約を締結しようが「自由」である（＝国家は干渉しない）という概念である。

具体的には、「誰と、どのような契約を、どのような方式で、締結することもしないことも自由である」ということを意味する（「相手方選択の自由」「内容の自由」「方式の自由」「締結の自由」の４つの自由）。

(2) 契約自由の原則の制限（強行法規、公序良俗違反など）

もっとも、実際の契約にあたっては、契約自由の原則が「制限」される場合について注意する必要がある。ビジネス契約においては「内容の自由」の例外、特に「**強行法規（強行規定）**」による規制・制限が重要となる。

強行法規とは、**それに反する法律行為を無効とする法規**をいう。ビジネス契約において注意すべき強行法規（強行規定）としては、**下請法、独占禁止法、不正競争防止法**などがある。消費者向けのビジネスであれば、**消費者契**

約法、特定商取引法、割賦販売法等の規制対象にもなる。企業における契約担当者は、このような法規制の動向についても十分な注意が必要となる。

また、企業と消費者間の契約では、悪徳商法等の事例ではあるが「**公序良俗違反**」と認定され、契約の自由の原則が適用されずに無効とされている事例もある。

公序良俗違反とは、**公の秩序または善良な風俗へ違反する**ことをいう。民法の教科書においては、公序良俗違反の例として、「妾契約、売春契約」が記載されるくらいであるから、通常のビジネスを行っている企業であれば「公序良俗違反」とは無関係のようにも思われる。しかし、たとえば、退職後の従業員や役員等に課す**競業避止義務の範囲が過度にわたる**と、公序良俗違反とされる場合もある。

そのほか、判例上、契約の自由が制限される場合もある。たとえば、継続的契約を解除するには単なる債務不履行だけでは足りず、やむを得ない理由を必要とする判例が多数存在する（99頁で後述）。

もっとも、契約締結のためにはすべての強行法規・公序良俗違反・判例等をチェックしなければならないとするのは、現実的ではない。

そこで、まず思い出すべきは3頁に記載した、「**契約とは私法上の効果を発生させる合意であり、裁判所によってその履行が保護されるものである**」という「**契約の定義**」である。契約書に規定しようとする内容が、相手方が（一応）了解しているとしても、はたして裁判所においても認められるような内容であるかどうかが1つのメルクマールとなる。その判断が難しい場合には、会社の法務部や顧問弁護士等への相談といった方法をとることになるだろう。

(3) 契約と法はどちらが優先するのか？

上記(2)で紹介したような強行法規は別として、仮に法に定めがあったとしても、それが任意法規（任意規定）であれば、その法と異なる内容を定める

Ⅰ　契約とは

契約も有効である（契約自由の原則）。つまり、

```
強行法規
公序良俗  ＞ 契約 ＞ 任意法規
```

という関係になる。ビジネス契約において基本となる民法の規定も、その多くは任意規定である（ただし、例外もある[4]）。

　当該規定が強行法規（規定）であるか否かについては、条文中に「別段の意思表示がないときは」とし、別段の定めを認めること、つまり任意規定を容認することを明記している場合もあるが、たいていの場合はそのような明示がない。したがって、それぞれの規定の立法趣旨や経済、社会生活関係における影響等を総合的に検討して決定されることになる。たとえば、売買契約の目的物に瑕疵があった場合の処理を定める瑕疵担保責任（民法570条・566条、商法526条）は任意規定である。よって、契約により民法・商法が定めるところの瑕疵担保責任を排除すること、また、排除とまではいかなくとも、目的物により適した内容に変更が可能である。そして、そこで契約書における「特約活用のメリット（特約活用機能）」（7頁参照）が活かされることになる。

　もっとも、法の適用の排除や変更が、一方当事者に極めて不利・不当な結果を生み出すものであれば、その特約の効力が認められない場合もあろう。

----

[4] 参考：強行法規、任意法規
・公法の多くは強行法規である。私法が私人間の権利義務関係を規律する法規範であるのに対し、公法とは国家の組織活動と個人との関係を規律するものである。
・民法91条は公序良俗に関係しない規定を任意規定としている。したがって、権利能力、行為能力に関する規定や、物権の規定、婚姻・相続などの規定は強行規定であるが、契約に関する規定の多くは任意規定となる。

また、特約で排除できる任意規定とはいえ、法があえて定めている以上、その趣旨とあまりに乖離する場合にまで保護が与えられるかについては疑問の余地がある。

　そこでやはり重要になるのが、「**契約とは私法上の効果を発生させる合意であり、裁判所によってその履行が保護されるものである**」という契約の定義である。裁判所の保護が期待できるような内容となっているか、という視点が契約の起案においては不可欠となる。

II　ビジネス契約の特徴、留意点

　以下、筆者の考えるビジネス契約の大きな3つの特徴、「社内・社外・社会との関係」について述べる。

```
1  「会社」の権利義務であること（社内）
2  相手方とのパワーゲーム（社外）
3  コンプライアンスへの配慮（社会）
```

〈図表3〉　ビジネス契約の3つの特徴

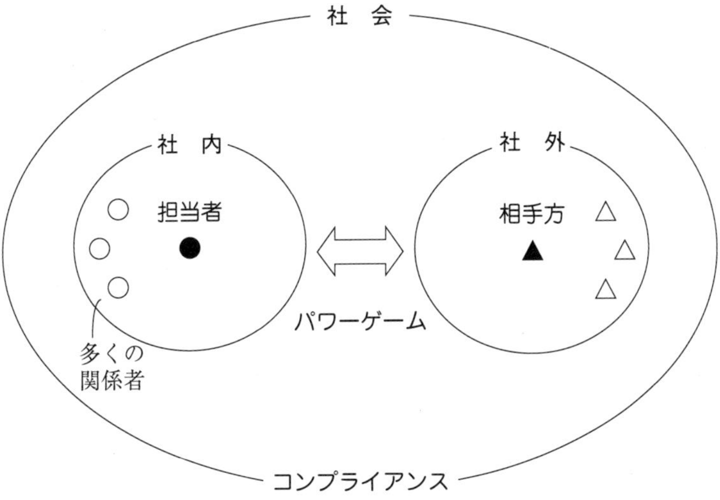

第1章　ビジネス契約とは

1 「会社」の権利・義務であること――社内との関係

(1) 担当者が会社を代弁する――担当者の責任の重さ

　たとえば、A氏が自宅用に大型テレビを購入する場合、自分の貯金、テレビを置く場所（何インチのテレビならリビングに置けるか）、どのような機能が欲しいか等、A氏自身に関するさまざまな事情を検討して購入を決め、契約（売買契約）することができる。

　しかし、A氏が甲社の担当者として、たとえば新型装置の購入契約を担当することとなった場合、担当者A氏は自分ではなく、いわば「他人」である甲社に関するさまざまな事情について検討し、取引先と交渉することになる。**会社は、法が特別に創設した人、すなわち「法人」であり、法人の意思表示は、すべて代理行為によってなされるためである。**したがって、ビジネス契約の大きな特徴は、担当者が「何を会社の意思（要望）とするか」を代弁し、かつ「何が会社のリスクとなるか」想定して対処しなければならないという点にある。

〈図表4〉　法人を担当者が代理

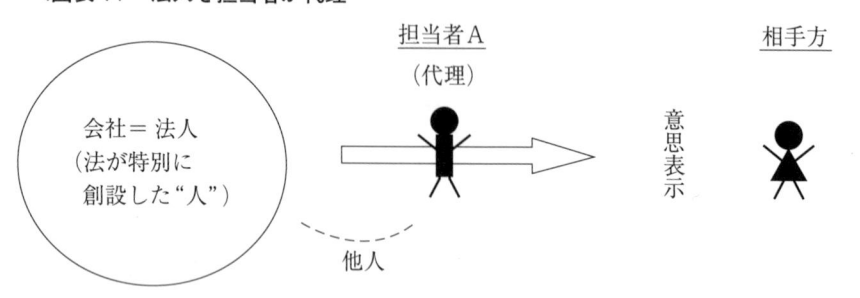

　さまざまな利害関係人が関与し、取引金額も大きく、その分リスクも高い「他人（＝会社）」の契約締結交渉を任される担当者Aの責任は重い。しかも、会社側からみれば、担当者Aが契約をうまくまとめて当たり前であり（う

まくいった場合は話題にもならない)、トラブルが生じようものなら、「いったいどうしてこんなことになったのだ」と大問題になる。そして、後日、裁判沙汰になった場合、担当者Aは、何年も前の契約締結時の事情等についてあれこれとヒアリングされ、時には証人として法廷に立つようなことになるのである。

(2) 他の部署や専門家の協力

上記(1)のように、ビジネス契約においては、担当者が「会社の意思」を代弁し、かつ「会社のリスク」を想定して対処しなければならないため、必然的に会社の他の部署や外部専門家の協力を必要とする場合が多くなる。一担当者のみで会社のすべてについて代弁し、またリスクを想定することは通常は不可能である。

ア 他の部署とのつきあい方

特に企業規模が大きくなればなるほど、縦割りの組織となっており、部署間の連絡が不十分で、リスクを見落としているケースが散見される。

契約書ファイルを関連部署にEメールで転送し、「何か問題があったらコメントをください」と連絡すれば対処できる場合もあるが、たいてい、各部署からの返答は、

「従来の契約どおりなので、特に問題はないと思います」

「私の部署が関係する第○条のみざっと見ました。OKです」

等、あっさりとしたものにとどまることになる。

しかし、たとえば、

「過去にこの種の契約でトラブルが生じたことがありますか？ また、今回の取扱商品は新商品なのですが、従来どおりの検収方法でよいでしょうか？」

「保証期間は1年で十分でしょうか。今まで、保証がされなかった事例や、

トラブルが生じたことはありますか？」
　「今回の取引で特に秘密を徹底すべき事項はありますか？」
など具体的な質問をすると、
　「取引先に頼まれて、経理処理をするためだけということを合意して検収を行った。ところが、後日、瑕疵が発覚した際、取引先は、検収が終わっているのだから、瑕疵はないと言い出した」
　「今回の卸値を他の取引先に知られると面倒だと心配している。今回の秘密保持条項の文言だけでカバーできているかよくわからない」
　「返品の受け入れ方法だが、返品についても受け入れ検査期間を○○日設けると明記したほうがいい。昔、大量に返品された際、他社の商品まで混入しており大変だった」
　といったような反応が得られ、それまで気づかなかったリスクを発見できる可能性がある。具体的な回答がほしい場合は、具体的に聞くことが肝要である。
　また、定期的に、「契約書にかかるトラブル例（あるいは契約に関して気になっていること）」について各部署にアンケートをとり、まとめておくことも有用である。ただし、この場合も、「今まで契約にかかるトラブルが生じたことがありますか」といった一般的な聞き方だと、往々にして「特になし」という回答になりがちであるため、具体的な回答を得るための工夫が必要である（無記名にしたほうが答えやすい場合が多いだろう）。
　なお、昨今、契約書に関するやりとりは、社内・社外ともにEメールを通じて行われることが多いが、まれに、社内向けのメールを誤って相手方（社外）に送ってしまい、手の内を知られてしまうようなケースも見られるので、くれぐれも注意されたい。

イ　法務部や弁護士とのつきあい方

　「契約については法務部に任せる」「とにかく弁護士に大至急つくってもら

え」といった対応は、「ビジネスリスクの想定」からは問題がある。

確かに、法務部や弁護士は契約内容が強行法規に違反しないか、過去の裁判例に照らして問題がないかというような法的リスク（いわゆるリーガル・リスク）への対応には長けている。

また、契約文言のあいまい性にも敏感である。たとえば、よく見かける契約書の文言に「〜については別途協議により定める」というものがあるが、この記載について、弁護士は「協議により定める、ということは協議により合意に至らなければ結局何も決められない、ということになる可能性があります。もっと具体的に記載したほうがよいと思われますが、いかがでしょうか」と指摘することが可能である。

一方で、たとえば、甲社と乙社との基本契約中に「**商品の引渡し後、2年間は無料で修理を行う**」との記載があり、個別契約においても当該条項が適用されているとする（なお、基本契約、個別契約については31頁参照）。

この場合、従来の取引においては、「2年」という定めで問題がなかったとしても、対象商品がまったくの新商品であった場合、はたして2年という定めが適切かどうかは弁護士には判断がつかない。また、そもそも、対象商品がまったくの新商品であることを弁護士が知らない場合もあり得る。このような、その商品に特有なリスク等は、まさしく現場の担当者のみが通常知り得るところであり、その情報を与えられてはじめて、法務部や弁護士は契約書に反映することができるのである。

上記の関係は、以下のように示されよう。

【現場リスクへの想像力】
現場担当者 ≧ 法務部・弁護士
【リスクへ対応する契約書の起案力】
現場担当者 ≦ 法務部・弁護士

弁護士や法務部は法律には詳しい。しかし、ここで、前述の「**契約＞任意法規（任意規定）**」（14頁〜15頁参照）を思い出してほしい。契約のメリットの享受には、この「**契約＞任意法規（任意規定）**」、つまり「特約の活用」という裁量の部分をどう活かすかにかかっているといってもよい。そして、それはまさしくビジネスそのものを十分把握している、現場担当者の腕の見せ所である。ビジネス内容を関係者に十分伝えるためには、以下のような工夫も必要になろう。

① 契約書のチェックを他の部署・弁護士等に依頼する場合、ビジネスの概要がわかる資料を事前または同時に提示する。パワーポイント等で美しく整えた資料は不要で、箇条書きで概要を示せば十分である。担当者が自ら「文字」にすることで、担当者自身の理解不十分な箇所も認識できるというメリットもある。

② 契約書に関する打ち合わせは、可能な限り、Eメールだけのやりとりだけで済まさず、実際にミーティングを設ける。リスクの洗い出しには、文書だけではなくミーティングにおける現実のやりとりが有益である。

(3) 契約内容の社内への徹底

契約に関するトラブルというと、たいていの場合、「相手方とのトラブル、相手方の契約違反」を想定しがちである。しかし、実際には、相手方ではなく、「社内」が契約書の内容をきちんと把握していなかったために生じるトラブルも存在する。

たとえば、契約書中に「**この契約書の変更は、甲乙両社の代表者による署名・捺印のある書面をもってのみ行うことができる**」という定めが設けられることがある。にもかかわらず、実際に現場でやりとりをしていく中、現場担当者同士の合意で従来の契約内容が変更されているケースが時折、見られる。この点、その変更内容でビジネスがうまく進んでいる間は実害はないかもしれない。しかし、現場レベルで行われた契約内容の変更により追加費用

が発生したような場合、支払いの段になって「代表者の署名・捺印のある書面が存在しないのだから、契約内容の変更は効力を生じていない」との理由でもめることがある。

　意外に見落としがちであるが、契約内容の社内への徹底は、「会社」の契約であるビジネス契約の実効性を担保するためには重要な要素である。せっかく「会社」に有利な契約を締結しても、社内においてその内容に沿った運営がなされなければ意味がない。

2　相手方とのパワーゲーム——社外との関係

(1)　契約に現れる力関係

　契約自由の原則が認められるのは、両当事者が平等であるという原則を前提にしていることはすでに述べた。しかし、現実の契約内容は、違法にはならない範囲で、両当事者の力関係で決まることが多い。パワーゲームとは本来「大国がその政治的・経済的な力を背景にして主導権を握ろうとして行う国際政治上のかけひき」を意味するが、その概念はそのままビジネス契約にも適用される。

　たとえば、大手企業の中には、取引先に対し「自社のひな形しか使わない」と言い切る企業も存在する。そして、ビジネス契約書の条文のさまざまな箇所に企業間のパワーゲームの結果を見ることができる。たとえば、売買契約の場合、商品の引渡時期を「納入時」としてあるか、「検収終了後」としてあるか、危険負担はいつ移転するのか、瑕疵担保責任についてどのような定めになっているか、紛争時の裁判管轄をどこに設定しているか等でどちらが有利な契約であるかは一目瞭然である。

　具体的な条文を「瑕疵担保」条項で比較してみる。いずれも甲が大手企業という前提である。

> 【ケースA】 甲：売主、乙：買主
> 　商品の納入後6か月以内に、商品について甲の責に帰すべき隠れた瑕疵を生じた場合、甲はその負担において速やかに代品納入または瑕疵の修補を行う。また、甲は、納品代金額を限度として乙の被った損害につき賠償の責めを負う。

> 【ケースB】 甲：買主、乙：売主
> 　甲は、発注品受入検査合格の時から1年以内に発注品の隠れたる瑕疵を発見したときは乙に対して乙の負担において相当期間内に修補もしくは代品と交換させ、または代金の減額を請求することができる。いずれの場合も甲の損害賠償の請求を妨げず、損害賠償には合理的な範囲の弁護士費用も含めるものとする。

　上記の例はいずれも甲を有利にするための条文となっている。
　すなわち、甲が売主である場合（ケースA）、「納入後6か月以内で」しかも「甲に責めがある場合」のみに限り、買主乙は「納品代金額を限度」として、損害賠償請求ができる。
　一方、甲が買主である場合（ケースB）、「発注品受入検査合格の時から1年以内」であれば、「売主乙に責めがあるか否かを問わず」、売主に対して、損害賠償請求ができる（上限なし）。
　そもそも売買の目的物に瑕疵があった際の救済方法として、民法570条・566条3項、商法526条に瑕疵担保責任等の規定があるが、上記は、「特約活用機能」（7頁参照）を活かして、甲に有利な条文となっている例である。

(2) パワーゲームへの対処法

　筆者は「有利な契約を結ぶにはどのようにすればよいか」等の質問をよく受ける。確かに、上記(1)であげた例は一方に有利な文案であるが、契約書の文言の工夫だけでは限界がある。というのも、当然、その文言を相手方が承

諾しなければ契約は成立せず、承諾・不承諾は結局力関係で決まるためである。この点、競争社会においては、長年のビジネスで培ってきたステータスやパワーを活用するのは、違法・不当でない限りは当然のことといえよう。

　もっとも、ビジネス上の力関係では不利な立場にあっても、以下のような対応をすることで必要以上に不利になることを避けることはできる。

---

① 「自社のひな形の契約書しか用いない」という相手方に対しては、部分的に覚書や別契約で対応できないか交渉する。

② 契約書をよく読み、あいまいな「文言」について修正を求める（トラブル発生時、相手方有利に解釈されるのを避ける）。たとえば、「発注品受入検査合格の時から１年以内」とある時でも、受入検査期間は○○日以内と明記し、あいまいなまま期間が延長されるのを避ける。

③ 違法ではなくともグレーな条件と思われるような場合は、弁護士等のコメント（リーガル・リスクがある等）を相手方へ伝え、交渉する。

④ 類似ケースで自己に有利に判断されている裁判例を探し、それをベースに交渉する。

⑤ 修正の要望をたくさん出し、その後の「譲りしろ（譲歩幅）」をもっておく。

⑥ 契約締結を急がない。契約締結を急ぐ者は、より多くを譲ることになることが多い。

⑦ 根気をもつ。契約締結直前になって、突然新たな条件をもち出されることもある。その際、「もうここまで来ているから」と妥協してまとめたくなる気持ちになるが、そこで一踏ん張りし、こちら側も新たな条件を追加する等して、相手方の新条件を撤回させるなどの踏ん張りが必要なこともある。

3 コンプライアンスへの配慮——社会との関係、会社の品格

　上記1、2においては、ビジネス契約における社内・社外との関係について述べたが、不祥事が相次ぎ、内部統制システムの設置が法定化された今日（会社法362条4項6号・5項、会社法施行規則100条）、「社会」との関係についてもより一層の配慮が必要である。

　下請法、独占禁止法等の強行規定を遵守するといった法令遵守は当たり前のことであり、むしろ、法令の規制がないところでどのように行動するかに会社の品格が現れるように思われる。いわゆる法の抜け穴ばかり探すやり方は、違法ではないかもしれないが、そのようなやり方は、いつのまにか違法の線を超えてしまうようなことが多いようである。

　「コンプライアンス」とは「法令順守」と訳されることが多いが、本来コンプライアンス自体は「遵守」という意味しかもたない。何に従うかを決めるのは会社であり、多くの会社が法令以外に「企業倫理」をあげている。

　ビジネス契約は、会社がどのようにビジネスを行っているかについて、具体的に書面に残る1例である。いくら会社のホームページに美しい企業倫理を掲げていても、実際のビジネスが「違法すれすれ」「グレー」では、およそ「コンプライアンス」が果たされているとはいえない。利潤追求とのバランスに悩むところではあるが、社会に恥ずべき契約内容になっていないか、という視点をもつことは極めて重要であろう。

第 2 章

ビジネス契約書の基本実務

―――第 2 章のポイント―――

☆ 契約書作成の際の形式面（マナー）について
　　タイトル・見出し
　　前文・後文
　　日付
　　署名・記名・捺印
　　当事者（契約締結の権限を有するのは誰か）
　　契約書の綴り方……等
☆ 契約書本文のつくり方→ 3 つに分けて考える
　　①ビジネス条項………いかに具体的に記載するか
　　②リスク管理条項……リスクの洗い出しとその対応
　　　　　　　　　　　　「瑕疵担保」「損害賠償」「解除」は特に重要
　　③定型条項……………見落しはないか

I 体裁・形式

ここでは、ビジネス契約作成・締結にあたって押さえておくべき、契約書の体裁・形式について述べる。

1 方式自由であるが、マナーを押さえる必要あり

13頁で既述したとおり、誰と、どのような契約を、どのような方式で、締結することもしないことも自由である。したがって、契約の方式に制限はない。**口頭の契約も、注文書・請書による契約も、FAX、Eメールによる契約も成立し得る**（ただし、法令で書面での契約締結が求められている場合や、従前の契約で、「本契約の修正は両当事者の署名・捺印のある書面をもってのみ行うことができる」といった規定が設けられている場合がある）。

原則として、方式自由である以上、契約書の作成にあたって、どのような紙にどのような字体で作成し、どのように綴っても自由である。もっとも、通常A4判の白紙に、明朝もしくはゴシック等のフォントを用い、横書きで作成され、左側を綴じる。【書式例1】のようなスタイルが一般的であろう（【書式例1】は便宜上1枚にまとめてある）。「ノートの切れ端に鉛筆書き」でも契約として成立しないことはないが、**ビジネス契約の場合、やはり一般的な形式・マナーを押さえておかないと、当該契約の「真正（＝偽造ではなく、本物であること）」が疑われる可能性は否定できない。**

一般的な形式（マナー）を満たしていない契約書が相手方から提示され、それが実際に偽りの契約書だった場合、当該契約書にサインした側も「不注意だ」「疑うべきだった」または「虚偽であることを知っていた」と認定される可能性もある。重過失があったことを理由に、錯誤無効の主張が認められないこともあり得る（民法95条但書）。

なお、金額が"手書き"され、宛名欄が"鉛筆書き"の領収証について、

10億円の金銭の交付があったとの証明力がないとされた事例もある（東京地判平成10・4・22判タ995号190頁）。

2 一般的な契約書の形式

【書式例1】 一般的な契約書の形式

印紙(8)

<u>×××××契約書（タイトル）</u>(1)

【前文】(3)

　●●株式会社を甲とし、▲▲株式会社を乙として、以下につき合意したので本契約書を締結する。

【本文】

第1条（目的）(2)…………

第2条（製品）(2)…………

第3条（価格）(2)…………

…………

【後文】(4)

　以上、上記合意成立の証として、本契約書2通を作成し、甲乙各々記名・捺印の上、各1通を保有する。

　　　　　　　　　　　　　　　　　　　平成19年10月6日(5)

　　　　　　　　甲　(6)●●株式会社　代表取締役(7)　○○　印
　　　　　　　　乙　(6)株式会社▲▲　事業本部長(7)　△△　印

　　　　　※書式例中のカッコ付数字は後述の解説見出しに対応している。

(1) 契約書の表題（タイトル）

ア　契約書、覚書、合意書とは？

「契約書」「覚書」「合意書」その他さまざまなタイトルがあるが、つけ方に特に制限はない。

契約内容を決めるのは、タイトルではなく契約書本文である。したがって、タイトルが「売買契約」となっていても、契約書本文の内容が「請負」であれば、当該契約は請負契約となる。

そして、契約書本文で契約内容が決まる以上、タイトルが「契約書」であっても、「覚書」であっても、「合意書」であっても、その効力には違いがない。よって、覚書というタイトルであるから、契約書より効力が劣るということもない。

なお、「合意書」は契約締結の前段階の文書として、「覚書」は契約に付随して別途締結する文書として、各々用いられる場合もあるが、それは、「合意書」「覚書」というタイトルから導かれるものではなく、そのような意味を「合意書」「覚書」にもたせることにつき当事者が合意している（そのように書面に記載されている）からにほかならない。

たとえば、契約書の「後」に覚書を締結し、その覚書に一部契約書と矛盾する内容が記載されたとしよう。その場合、「契約書に書いてある内容が優先する」とは当然には言えない。契約とは意思の合致である以上、後に締結された覚書が、現在の当事者の意思の合致内容であろうとの推定、つまり前回の合意内容を修正することに合意したとの推定が働くからである。

このような混乱を避けるためにも、契約書とともに「合意書」「覚書」を締結する場合、それぞれの効力関係について文中に明記しておくことが、有用である。上記の例で言えば、「本覚書と取引基本契約とで内容に齟齬・矛盾が生じた場合、取引基本契約の記載が優先するものとする」と設けておけ

ば、契約書の効力が覚書より優先されることになる。

イ 基本契約、個別契約とは？

　ビジネス契約においては、よく「基本契約」「個別契約」という方式が用いられる。すなわち、多くの取引に汎用的に適用される内容を「基本契約」で定め、取引の個々の事情において変更すべき事項については「個別契約」で定める方式である。

　ただ、この方式も、「基本」「個別」というタイトルから当然に導かれるものではない。そのような意味を「基本契約」「個別契約」にもたせることにつき当事者が合意することによりそのような効果が生じるのである。そして、一般には、基本契約書、個別契約書の文中に、両社の関係や矛盾が生じた場合の効力関係が記載されていることが多い。たとえば、基本契約において「本契約に定める事項中、個別売買（以下「個別契約」という。）に関するものは、本契約の有効期間中、甲乙間に締結される一切の個別契約につき、その内容として共通に適用されるものとする。但し、個別契約において本契約に定める事項の一部若しくは全部の適用を排除し、又は本契約と異なる事項を規定することを妨げるものではない」といった規定が設けられる（稀に設けていない契約書も見かけるが、必ず記載すべきである）。

　また、基本よりも個別のほうが「特別」であろう、という"言葉の印象"から、個別契約の効力が優先するといった思い込みには注意が必要である。契約における言葉の意味は、ニュアンスや日常の感覚でとらえるべきではない。

　また、共通項は「基本契約」で規定し、個々具体的な事項については「個別契約」で規定する、といった方式は効率的ではあるが、問題もある。往々にして個別具体的な事情に対する検討不足に陥りがちなのである。基本契約を締結していることで「すでに契約はある」との認識になり、本来個々具体的な検討を行うべき個別契約においても、数量や価格のみを決めるだけとな

っている例がよく見られる。

　もちろん、基本契約においてすべてのリスクが想定され、記載されていればそれでよい。しかし、実際には、すべての取引に、従来のままの基本契約をそのまま適用してしまい、契約書がトラブルの解決の役に立たないといったケースが存在することも事実である。便利であるからといって、十分に内容を検討することなく「基本契約」「個別契約」方式を容易に用いるべきではない。

(2) 条文の見出し

　契約書の条文には、第1条（目的）、第2条（製品）、第3条（価格）といった見出しがつけられるのが一般的である。この見出しには法的拘束力はなく、あくまで便宜上のものである。したがって、見出しと条文本文の内容が一致しない場合、本文のみが効力を有することになる。もっとも、当該不一致をめぐって、条文の解釈等につき争いが生じる場合も想定されるため、見出しにも十分に注意を払う必要がある。

(3) 前　文

　前文は、一般には、契約書をわかりやすくするために記載される。頭書には、「●●を甲とし、▲▲を乙とし、本契約を締結する」といった文言のほか、契約の「目的」も記載されることが多い。

〔例〕

> ●●を甲とし、▲▲を乙として、甲の製品の乙による継続的購入に関し、以下のように合意したので、本契約を締結する。

(4) 後　文

　後文は前文よりはるかに重要である。前文はあえて記載しなくても、契約書本文を読めば足りるし、記名（署名）・捺印欄を見れば、誰が「甲」で誰が「乙」かもわかる。つまり、前文は本文や署名欄で記載していることを、重ねて記載している部分ともいえる。

　他方、後文は、契約の効力や印紙に係る事項と深く関係する。具体的には以下ア、イで述べる。

ア　印紙税との関係

　後文には「上記合意成立の証として、本契約書2通を作成し、甲乙各々記名・捺印の上、各1通を保有する」というような記載がなされるのが一般的である。これは、原本が2通作成されることと、本契約書には記名・捺印を必要とすることを意味する。

　ここで、合意の成立を証する契約書が何通作成されるかは、印紙税が課される文書が何通かに直結する。印紙税は、契約の成立を証する文書（以下、「原本」という）に課されるためである。

　この点、通常の契約書のひな形では当事者の数だけ原本を作成することが予定されている。すなわち、上記のように、「本契約書2通を作成し」と後文に記載することは、2通分の印紙税が課せられることを意味する。よって、後文作成時には、原本を2通作成することが必要な契約かどうかをチェックする必要がある。

　もっとも、原本を1通のみ作成し、後は「写し」とする場合とする場合でも、当該「写し」に署名・押印がなされていたり、「正本や原本と相違ない」との契約当事者の証明がなされていたり、または「写しであることを証明する」との記載がなされているような場合は、当該「写し」は契約の成立を証する文書に該当し、課税文書となるため注意が必要である（平成19年10月国

税庁「印紙税の手引き」より)。

イ　成立要件の問題

「甲乙各々記名・捺印の上、各1通を保有する」と後文にあるにもかかわらず、捺印がない契約書の場合、当該契約はまだ成立していないという推定が働く。「署名の上」と記載されているのに、署名がなく、ゴム印による記名や捺印のみがある場合も同様に、当該契約が成立していないという推定が働くだろう。

このように、契約書の後文を起案する際は、印紙税負担をチェックし、また、当該契約を成立させるためにどのような手順を必要とするか(記名・捺印とするか、署名・捺印とするか、署名のみとするか、等)の検討が必要となる(署名・記名については後述(6)参照)。

(5) 日　付

一般的には当該契約書が作成された日付を契約書上に記載する。両当事者が同時に署名(記名)・捺印をしないような場合は、両当事者の署名(記名)・捺印がそろった時点、すなわち最後の当事者が署名(記名)・捺印する時点が「作成」時となる。そして、特に別の定めがない場合、作成日が契約成立日であると推定される。

もっとも、契約内容の合意は1月1日に成立しているが、契約書をつくっておらず、後日(2月1日)に契約書を作成したというような場合もある。そのような場合、2月1日を契約書の作成日とするケース、成立日と作成日を一致させるために作成日を成立日に合わせ、1月1日とするケースがある。後者の場合、当該処理をすることにより、法規制等へ違反するようなことがないように、また第三者の権利・義務関係を侵害することがないように特に注意が必要である。何らかの法規制等を逃れる目的、または第三者の権利義務について何らかの影響を与える目的で、実際は以前に契約が成立していな

かったにもかかわらず、日付を過去に遡らせる、いわゆる「バック・デイト(back-date)」を行ってはならない。文書偽造罪等の刑法上の罪が成立することにもなりかねない。

なお、契約書作成日付が1月1日であっても、当該契約書に「本契約書は第○条に定める事項については、3月1日に効力が生じるものとする」等の記載を設けることもある。この場合、第○条に定める事項については、効力発生日を3月1日とすることを1月1日付で合意した、という意味になる。

ところで、契約書の日付部分をブランクにしたままのものを多く見かける。契約書に関連して作成された「覚書」の日付がブランクになっていることもある。日付が記載されていないと、契約の始期がいつか不明になる場合があり、始期が不明だと時効の起算点が定まらないといった問題もある。また、同じ事項について複数の契約や覚書がある場合、どの書面の内容をもって現時点の合意内容とするか不明になる場合もある。日付は必ず記入するよう注意すべきである。

(6) 署名、記名・捺印

ア 署名、記名の違いとは？

署名とは、自筆の「サイン」のことである。記名とは、印字されているもの、すなわちワープロで記したものや、ゴム印で記したもの等、自筆のサイン以外で氏名を記したものである。

法的に、**署名＝記名＋捺印**とされることもあるが（商法32条など）、実務上署名の場合も捺印を求めるのが一般的である。もっとも、後文に「甲乙各々署名・捺印の上」等の記載がなければ、署名だけで契約書が作成されても、その一事をもって契約の効力に影響を与えるわけではない。しかし、日本企業同士のビジネス契約の場合、捺印されていない契約書というのはほとんど見られない。後に契約の成立の真性や効力等に争いが生じないよう、署名の

場合でも捺印を求めるのが安全であろう。

イ　捺印は認印でもよいのか？

　捺印は、実印でなければならないというきまりはない。もっとも、認印でもよいとすると、認印は文房具店等ですぐ手に入ってしまうため、権限のない者が作成するリスク、つまり偽造のリスクが高まる。したがって、一般には実印が用いられる。

　実印とは、印鑑登録がなされている印鑑のことである。認印とは、いわゆる三文判のことである。会社においては「会社代表者印」が会社設立時に登記所に届けられ、実印となる（商業登記法20条）。会社の請求書等によく捺印されている「社印（社判、角印）」は個人で言えば認印のようなものにすぎない。なお、書類の偽造の場合、見た目を"それらしく"するため、社印（社判、角印）が用いられることがある。

ウ　その他の印

　以下、契約書に用いられる代表的な印の用法について説明する。図表中のⒶⒷは当事者の印を意味する。

㈠　契　印

　2枚以上の文書が一体であることを担保するための印（差し替え等を防止するため）（〈図表5〉参照）。

㈡　割　印

　2つの独立した文書にまたがって押される印（2つの文書が同一であること、または関連することを示す）。たまに契印と同じ意味で「割印」を説明しているものがあるが、間違いである（〈図表6〉参照）。

〈図表5〉 契　印

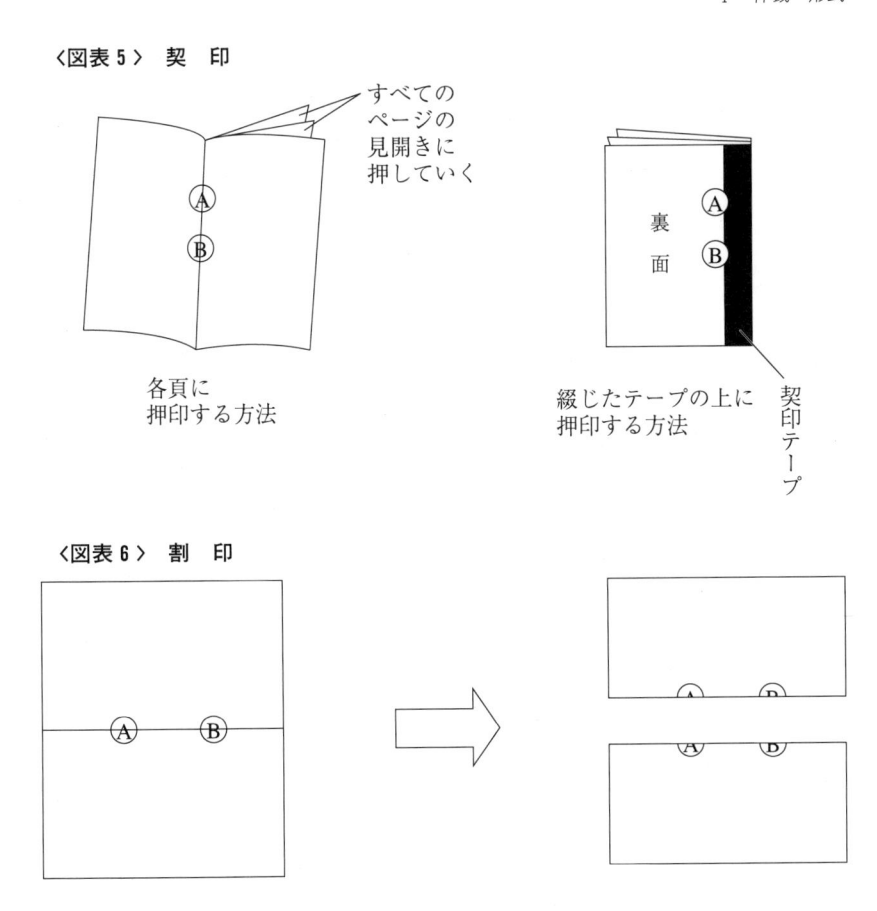

すべての
ページの
見開きに
押していく

各頁に
押印する方法

裏
面

綴じたテープの上に
押印する方法

契印テープ

〈図表6〉 割　印

㈬　訂正印

　文書を訂正した際に押される印（訂正権限のある者の訂正であることを示すため）。印を押す場所としては、訂正箇所に押す方法と欄外に押す方法がある（〈図表7〉参照）。

㈭　捨　印

　後日、訂正を可能にするためにあらかじめ欄外に押される印（捨印である

ことが明確になっていない場合は、悪用される危険がある、安易に押すべきではない）（〈図表8〉参照）。

〈図表7〉 訂正印

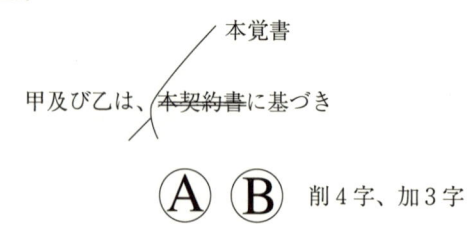

甲及び乙は、~~本契約書~~本覚書 に基づき

Ⓐ Ⓑ 削4字、加3字

〈図表8〉 捨印

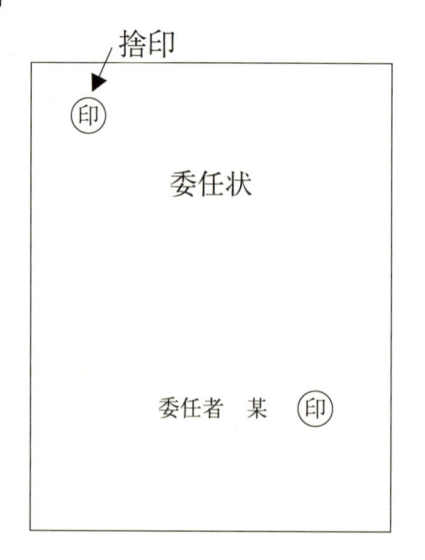

捨印 → ㊞

委任状

委任者 某 ㊞

〈図表9〉 消印

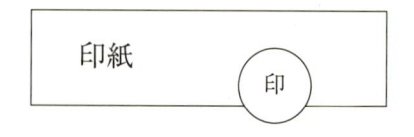

印紙 ㊞

(オ) 消印

　印紙と紙にまたがって押す印（印紙が再利用できないようにするため）。当事者の双方が押す必要はない（〈図表9〉参照）。

(7) 当事者――締結権限があるのは誰か

　会社が当事者であるビジネス契約の場合、契約締結権限者が誰かは重要なチェックポイントである。なぜなら、前述したように、会社は法が特別に創設した人、すなわち「法人」であり、法人の意思表示はすべて代理行為によって行われるためである。

　以下、法人たる会社の「代わり」に、つまり代理として、**誰が契約書にサインするか**について検討する。

〈図表10〉　代理行為

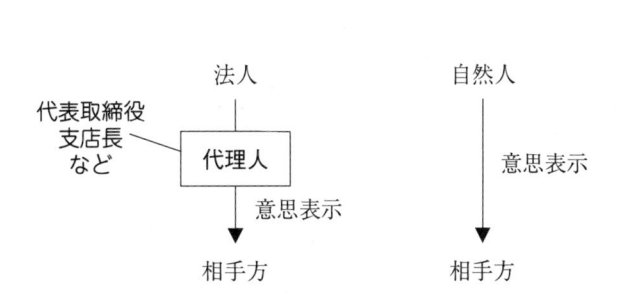

　　　　　　　　【会社の場合】　　　【自然人（成人）の場合】

```
                    法人              自然人
代表取締役           │                  │
  支店長  ――→  ┌─────┐              │
   など          │代理人│              │意思表示
                └─────┘              │
                    │意思表示          │
                    ↓                  ↓
                  相手方              相手方
```

ア　代表取締役

　通常、会社の契約は代表取締役によって締結される。代表取締役は、会社の業務に関する一切の裁判上または裁判外の行為をする権限を有することが法定されている（会社法349条3項）。この「代表」というのは「代理」と同様の概念と解してよい。

代表取締役については、代表取締役"会長"、代表取締役"社長"、代表取締役"副社長"等の名称となっている場合があるが、いずれも「代表取締役」であることに変わりはない。

　一方、代表取締役ではないが、取締役に対して、取締役"社長"、取締役"副社長"その他会社の代表者ととらえられるような名称が付されていることがある。その場合、当該取締役が無権限であったとしても、そのことについて知らない（または知らないことにつき重過失がない）第三者に対して、会社は当該取締役が行った行為につき責任を負うことになるため、注意を要する（会社法354条「表見代表取締役」）。

　もっとも、契約実務においては、知っていた、知らなかったといった問題が生じることを避けるべく、仮に相手方に「社長」という名称が付されていたとしても、原則としては「代表取締役」であることが確認できる者と契約を締結すべきであろう（会社の商業登記簿で確認できる）。

イ　取締役

　代表取締役が設置されていない株式会社の場合（会社法により可能となった）、各取締役が代表権を有し、契約締結権限者となる。代表取締役が設置されているかどうかは、当該会社の商業登記簿で調べることができる。

　代表取締役が設置されている会社の場合、上記アのとおり、代表取締役が会社を代表して契約を締結するのが通常である。ただし、代表取締役の委任を受けて、いわゆる「担当役員」が、契約を締結する場合もある。当該役員に権限があるかどうかについて、通常外部には明らかでない。したがって、担当役員ではあるが、代表権のない取締役がサインをする場合、相手方としては、その権限を証明する書面（代表取締役の記名・捺印入りの委任状等）を取得することが望ましい。ただし、取締役が「事業本部長」等を兼ねている場合は、以下エに述べるよう、当該事業に関し契約締結権限ありとみなすことができる場合がある。

ウ　支配人

　支配人とは、会社より、本店または支店の主任者として選任された商業使用人である。商業「使用人」であるから、会社との間では指揮・服従の関係に立つ。したがって代表取締役のように会社の機関として営業を行う者は支配人ではない。

　支配人は、その営業に関する一切の裁判上・裁判外の行為をする権限を有するので、当然、契約の締結権限者である。支配人については登記が必要であるので（商法22条）、外部からも支配人についてチェックすることができる。

　なお、実際には支配人ではなくとも、営業所の主任者たる名称が付されている使用人、たとえば、支社長、営業所長、事務所長、営業部長等の名称が付された使用人に関しては、当該使用人が実際には無権限であったとしても、そのことについて知らない（または知らないことにつき重過失がない）第三者に対して、会社は当該使用人が行った行為につき責任を負うことになるため、注意を要する（商法24条「表見支配人」）。

　もっとも、アで前述したように、契約実務においては、知っていた、知らなかったといった問題が生じることを避けるべく、登記で確認できる支配人と契約を締結することが望ましい。

エ　事業本部長

　取締役事業本部長、執行役員事業本部長、または単に事業本部長、営業本部長等、事業の主任者であることを示す名称が付されている場合は、当該事業に関して一切の裁判外の権限があるものとみなされる（相手方が、権限がないことを知っていた、または知らないことにつき重大な過失がある場合を除く。会社法13条）。もっとも、事業を複数行っている会社の場合、個々の事業に対して当該事業本部長に権限があるかどうか、権限の範囲内かどうかについ

て判断が必要な場合があるため注意を要する。よく事情を知っている会社以外の場合は、代表取締役と契約を締結するほうが安全であることが多いだろう。

オ　部長、課長

　部長、課長等も、ある種類または特定の事項の委任を受けるかたちで、契約締結権限者となることができる（商法25条）。しかし、当該使用人に権限があるかどうかについて、外部からは通常はわからない。したがって、当該委任があることを、権限のある者の署名（記名）および捺印のある委任状等で証明することが望まれる。ただし、委任状が偽装されるような場合もないとは限らないので、よく事情を知っている会社以外の場合は、代表取締役と契約を締結するほうが安全であることが多いだろう。

　以上をまとめると次のようになる。

【契約の締結権限者】

> ① 「代表取締役」（上記ア）および代表取締役設置会社でない場合の「取締役」（上記イ）には、法により契約締結権限が当然に与えられており、かつ、商業登記簿でその権限の有無を確認できるため、契約締結権限者としてはもっともふさわしい。
> ② 「支配人」（上記ウ）も、法により契約締結権限が与えられており、かつ商業登記簿で確認できるため、契約締結権限者として認められる。もっとも、支配人の締結権限は、選任された営業所の営業に限定されるので、代表取締役よりもその締結権限の範囲は限定される。
> ③ 代表取締役設置会社の「取締役」または「事業本部長」「部長」「課長」等も、会社より権限が与えられていれば、契約を締結することはできる。ただし、権限の有無または権限の範囲の確認等が必要になる。

(8) 印　紙

　印紙税とは、契約書や領収書に課税される税金で、20種類の文書が課税の対象となる。

　印紙税は契約の成立・効力とは関係しない。したがって、印紙を貼っていないことで契約が無効になることはないが、納税を怠ると過怠税として、納付しなかった税とその2倍に相当する金額、つまり不納税額の3倍の額が課されることになり、かつ、過怠税は損金や必要経費には参入されないので、契約担当者としては会社に無用の損害を与えないよう注意を要する。

　印紙税については国税庁発刊のリーフレット「印紙税の手引」が非常に詳しい〈http://www.nta.go.jp/shiraberu/ippanjoho/pamph/inshi/tebiki/pdf〉。インターネットよりダウンロードしてぜひ、利用することをお勧めする。国税庁運営のホームページ、タックスアンサーの印紙税のサイト〈http://www.taxanswer.nta.go.jp/inshi/inshi31.htm〉でもさまざまな事例が紹介されている。

　また、印紙税についての疑問は最寄の税務署等で電話相談を受け付けてくれるため、税務署に確認することをお勧めする（筆者もよく電話で税務署に確認するが、いつも非常に丁寧に回答していただける）。

　以下、印紙税でよく迷う点や注意すべき点について記載する（主に、平成19年10月「印紙税の手引」からの抜粋である）。

① 　印紙税が課税されるかどうかは、形式的な文言ではなく、その文書の実質的な意義に基づいて判断される。したがって、契約書のタイトルが、たとえば課税文書に該当しない「委任契約」とされていても、その実質的な中身が「請負契約」であれば、第2号文書として課税文書となる。

② 　印紙税の課される契約書とは、契約（およびその予約）の成立、更改、変更補充の事実を証明する目的で作成された文書をいう。解約合意書など、契約の消滅の事実のみを証明する目的で作成される文書は課税され

ない。

　なお、念書、請書など当事者の一方のみが作成する文書でも、当事者の了解や商慣習に基づき契約の成立等を証する目的で作成されるものは契約書に含まれる。

③　仮契約書、仮領収書であっても、課税事項を証明するものであれば、課税文書となる。

④　印紙税は、契約の成立を証する文書に課されるため、通常は契約書の「原本」に課税される。ただし、原本以外の文書に「写し」とあっても、当該「写し」に署名・押印がなされていたり、「正本や原本と相違ない」との契約当事者の証明がなされていたり、「写しであることを証明する」と記載されている場合は、当該「写し」は契約の成立を証する文書に該当し、課税文書となる。

⑤　請負契約（第2号文書）であるが、継続的取引契約（第7号文書）であり、契約金額の記載がないものは、第7号文書となる。

⑥　海外企業との契約の場合、両方の合意が成立した場所が日本であれば、印紙税の対象となる。つまり、日本からサインした契約書を米国に送り、米国で相手方のサインがなされた場合は、契約の成立地は米国となるため、日本の印紙税法の対象とはならない。

⑦　印紙上の消印は、契約の両当事者が押す必要はなく、一方当事者の押印で足りる。

(9)　その他

ア　当事者は「甲」「乙」と表記しなければならないのか？

必ずしも甲、乙と表記する必要はなく、「売主」と「買主」、「委託者」と「受託者」と記載する例、会社名をそのまま記載する例もある。「X」「Y」とする場合もある。ただし、私見であるが、「甲」「乙」が、もっとも他の文

字と区別しやすく、誤記をチェックしやすい。

イ 社名変更の場合、契約を締結し直す必要があるか？

単なる名前の変更の場合は、契約書の効力に影響を与えない。たとえば、結婚前につくった預金に係る契約が、結婚による氏の変更によって無効とならないのと同様である。ただし、この場合に銀行に「変更届け」を出すのと同様、契約の相手方にも社名変更についての連絡をするのが通常である。また、契約上の義務として、「会社の社名変更、代表者変更等の場合、すみやかに相手方に通知すること」と規定されていることもあるので、注意を要する。

ウ 組織再編の場合、従来の契約関係はどうなるのか？

組織再編の場合、その組織再編の種類に応じて個別の検討が必要である。

(ア) 合併、会社分割

吸収合併の場合、消滅会社の契約関係は存続会社へ、吸収分割の場合、吸収分割会社の契約関係は、吸収分割承継会社へ包括的に承継されるのが原則である。したがって、既存の契約を締結し直す必要はない。

ただし、チェンジ・オブ・コントロール条項（支配権移動条項、資本拘束条項等と呼ばれる）の存在に注意する必要がある。

チェンジ・オブ・コントロール条項とは、会社支配権に大幅な変更があった場合に相手方に解約権を認める条項である。「甲に、その主要株主の異動や経営陣の交替、合併・会社分割・営業譲渡などの組織再編、その他会社の支配に重要な変更があった場合、乙は本契約を解除する権利を有する」といったかたちで記載されることが多い。

もっとも、上記例においては「解除する権利を有する」とあるだけで、「解除する」とはされていないので、正確には、合併・会社分割により契約

が当然に承継され、相手方から解除されなければそのまま契約は有効という構成になる。しかし、実務上は、相手方に解除権を行使するかどうかを確認することが多い。

なお、チェンジ・オブ・コントロール条項については、95頁、103頁を参照。

(イ) 事業譲渡

事業譲渡の場合、合併や会社分割と異なり、契約関係が包括的に承継されるという効果はない。したがって、個別の契約ごとに、契約の相手方当事者に対して、事業譲渡に伴う契約関係の譲渡につき承諾をとる必要がある。

エ 契約が終了した場合、何か手続を要するか？

「終了確認の合意書」等を締結する場合もあるが、たいていの場合は特に対処しないことが多い。契約期間の満了の場合は契約書の記載を見ればわかるし、解除の場合は、解除通知などでその終了がわかる。

ただし、契約期間につき、「本契約は契約締結日より3年経過時に終了するものとする」とあるにもかかわらず、契約締結日の日付がブランクとなっており、いつ満了するのかすぐにはわからなくなっている契約書も散見される。

また、「本契約の契約期間は2年とするが、満了日の2か月前までにいずれの当事者からも異議が出ない場合、同条件で1年間更新されるものとし、それ以降も同様とする」といった自動更新条項付きの契約の場合、日付がブランクであると、現在でも自動更新されているのかわからなくなる場合もある（もっとも、多くの場合は、現在の取引の有無で確認できる）。

したがって、終了確認の合意書等を締結しないまでも、以下のように処理しておくことが有用である。

① 契約書上で契約期間が明確にわかるようにする。

② 自動更新条項付きの場合、契約書とともに更新を示すまたは更新がなかったことを示す書類等を保存しておく。
③ 解除された場合または解除した場合、契約書とともに解除に係る書類等を保存しておく。
④ 現在有効である契約書と、すでに失効している契約書は分けて保存する。

なお、契約の終了とは直接関係しないが、契約書とそれに関連する覚書が別々に保存されている結果、その覚書がどの契約書の覚書なのかがわからなくなっている場合もある。本来ならば覚書に、何日付けのいかなる契約書に係る覚書なのかについて明記するべきであるが、「甲と乙との間の取引契約に係る覚書」等、あいまいにしか記載されていない場合もあるので注意したい（自動更新条項につき、110頁で後述）。

オ　契約書の綴り方

複数枚にわたる契約書の綴り方について特にきまりはないが、一般には以下のような形式で綴られている。

【製本の仕方】

① 左端を2つ、または3つホッチキスどめする形式。
② ①をした後、左端に製本テープを貼る形式。
③ 製本カバーで製本する形式。

契約書別紙とは、契約書と一体になるものであるから、いっしょに綴じる必要がある。なお、①の場合で、契約書のコピーをする際、ホッチキスをいったんとってコピーしているような例をまれに見かけるが、契約書の原本のホッチキスどめは極力外さないようにすべきである。原本作成後、何らかの

手を加えたという疑いをもたれないようにするためである。上記②③の製本によれば、製本後にその一部を抜き取るようなことは（契約書を破らない限り）通常不可能である。

〈図表11〉 契約書の綴り方

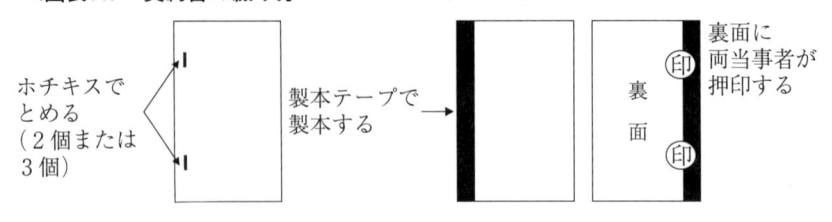

ホチキスで
とめる
（2個または
3個）

製本テープで
製本する →

裏面

裏面に
両当事者が
押印する

印
印

II 契約書本文のつくり方——ひな形のない契約書のつくり方

Ⅰでは契約書の体裁・形式について述べた。Ⅱでは、契約書本文の作成方法について説明する。

1 契約書の構成を理解する（3部構成で考える）

多くの契約書は以下の3部から構成される。なお、以下の「ビジネス条項」「リスク管理条項」「定型条項」というネーミングは筆者によるもので、一般的な名称ではない。

第1部　ビジネス条項　　ビジネスの内容に関する条項
　　　　　　　　　　　（売る？　借りる？　依頼する？　等）
第2部　リスク管理条項　ビジネスに伴うリスク対応に関する条項
第3部　定型条項　　　　多くの契約書に通常、記載されている事項。定型文言

たとえば、「売買契約」の多くは以下のような構成となっている。

〈図表12〉　売買契約の構成

第1部　ビジネス条項
　→誰と誰が、何を、いくらで、どのように、が基本
　・当事者
　・目的
　・物の特定（種類・量等）

・売買価格

・引渡条件、商品検査

・支払条件

・期間……等

第2部　リスク管理条項

→取引によって生じ得るリスクに関する条項

【物のリスク】

瑕疵担保、製造物責任

【支払いリスク】

債務保証、相殺

【取引全体に関するリスク】

期限の利益の喪失、損害賠償、解除、譲渡禁止……等

第3部　定型条項

→多くの契約書に一般的に盛り込まれている条項

・秘密保持義務

・別途協議、誠実交渉義務等

・裁判管轄……等

　上記のような、3部構成とは説明のために単純化したもので、実際には、リスク対応はリスク管理条項のみによってなされるものではない。たとえば、ビジネス条項において、1回の取引量、支払方法、支払時期等をどう設定するかは、非常に重要なリスク対応策である。また、そもそも「どのような相手方と契約するか」が一番のリスク管理ともいえる。

　ただし、上記のような3部構成を念頭におくことは、契約書の全体像を把握するうえで役立つ。また契約書を作成およびチェックする際の手引となる。

2 契約書本文を作成する

以下、(1)ビジネス条項（51頁）、(2)リスク管理条項（63頁）、(3)定型条項（107頁）の順に内容を検討する。

(1) ビジネス条項

ア 民法の典型契約の応用

ビジネス条項とは、「何を、どのように、いくらで」といった、ビジネスの基本を決める条項である。民法は13の契約パターンを定めているが（典型契約）、「何を、どのように」という視点から、以下のように分類できる。

【民法の13の典型契約】

> （何を）（どのように）
> 物→移転型……①贈与、②売買、③交換
> 物→賃借型……④消費貸借、⑤使用貸借、⑥賃貸借
> サービス→労務型……⑦雇用、⑧請負、⑨委任、⑩寄託
> その他……⑪組合、⑫終身定期金、⑬和解

よく聞く疑問に、「ひな形がない契約のつくり方がわからない」というものがあるが、上記のように「移転型」「賃借型」「労務型」で分類できる性質のものであれば、すでにある契約書の応用で対応が可能である。

たとえば、業務委託契約の場合は、請負契約または委任契約の応用で対応できる。

製作物供給契約（注文に応じて製品を製造し、注文者に供給する契約）などは、売買契約と請負契約の両方の性質をあわせもつので、売買契約・請負契

約の双方を参考にしながら作成することになろう。

　また、ライセンス契約などは、「知的財産を他人に有償で貸す」という性質に着目すれば賃貸借契約の構成を応用できる。

イ　5W1Hの応用

　5W1Hは、ビジネス条項を作成する際に有益である。5W1Hとは、周知のとおり、「いつ、どこで、誰が、何を、なぜ、どのように」の要素のことであり、ビジネス文書（特に企画書等）の基本である。

【一般の5W1H】

> いつ（When）、どこで（Where）、だれが（Who）、なにを（What）、なぜ（Why）、どのように（How）

　この5W1Hを契約書に応用する際には、以下のように整理できる。Hは通常はHow（どのように）であるが、ここでは、How Much（いくらで）とする。

【ビジネス契約への応用】

```
当 事 者（Who）――――――契約書の当事者
目　　　的（Why）――――――契約を締結する目的
合意内容（What）――――――何についての契約か
　　　　　　　　　　　　　（物の売買か、サービスの提供か、等）
日　　　時（When）――――――契約の履行日、期間、期限等
適用場所（Where）――――――契約の適用場所、または義務の履行場所等
対　　　価（How much）――――契約によって得られる対価
```

Ⅱ　契約書本文のつくり方――ひな形のない契約書のつくり方

　あまり一般的でない契約、たとえば企業がスポーツ選手と「スポンサーシップ契約」を締結する場合、上記の５Ｗ１Ｈの枠組みで構成すると以下のとおりとなる。

【スポンサーシップ契約の場合】

```
当 事 者（Who）――――Ａ社と選手Ｂ
目　　 的（Why）――――Ａ社の知名度向上、営業強化、Ｂへのサポート
内　　 容（What）―――Ｂのユニフォームに企業名を入れる
期　　 間（When）―――１年間
適 用 場 所（Where）―――日本における全試合
対　　 価（How much）――年間5000万円をＢに提供
```

　また、Ｂ社がＡ社のフランチャイズを受ける場合の「フランチャイズ契約」を整理すると以下のようになる。

【フランチャイズ契約の場合】

```
当 事 者（Who）――――Ａ（フランチャイザー）、Ｂ（フランチャイジー）
目　　 的（Why）――――ＡとＢの相互発展
内　　 容（What）―――ＡよりＢへのフランチャイズパッケージの提供
期　　 間（When）―――契約期間締結日より３年間
適 用 場 所（Where）―――東京都港区、千代田区への店舗出店
対　　 価（How much）――イニシャルフィー　30万円、
　　　　　　　　　　　　 ロイヤリティ　月商の５％
```

ウ　まずは箇条書き、メモ書きで考える

　会社の担当者が契約書を作成する場合、最初から契約書のかたちにこだわ

る必要はない。まずは、上記のような5W1Hの内容を具体化したかたちで箇条書きのメモを作成すべきであろう。

たとえば、上記のスポンサーシップ契約であれば、以下のようなメモになる。

【スポンサーシップ契約のメモの例】

> 当事者（Who）――A社と選手B
> 目的（Why）――A社の知名度向上、営業強化、Bへのサポート
> →A社は独占的なスポンサーとなるか、非独占的か？
> 　非独占的としても、A社の競業先が共同スポンサーとなることを禁止するか？　スポンサー数の限度を何社とするか？　等
> 内容（What）――ユニフォームに企業名を入れる
> →ユニフォームの特定、シャツ、パンツか？
> 　企業名は、どう表現するか？　略称を使うか？　文字のフォントはどうするか？
> 　ユニフォームのどこに、どの大きさで入れるか？　色は？　非独占的なスポンサーで他社もスポンサーとして参加する場合、他社の名前がどこに、どの大きさで入るのか、等
> 期間（When）――1年間
> →いつからスタートするか？　どの試合からか？　途中解約できるか？　Bが不祥事を起こした場合、試合に出られなくなった場合は？　等
> 適用場所（Where）――日本における試合
> →どの試合か？　どの地域か？
> 　最低何試合に出場することを条件とするか、等
> 対価（How much）――年間5000万円を選手に提供
> →支払通貨、支払期限、支払回数（一括か、分割か）、支払方法（振込か、持参払いか）等

弁護士に契約書の作成を依頼する場合も、上記のような内容のメモを渡すことで、効率的かつ経済的に契約書の作成を進めることができる。

特に、ビジネスの目的、何を行いたいのか等の具体的状況は、企業の担当者が最も詳しいところであり、ビジネス条項は契約書の中でも最も担当者が力を発揮する場面である。

エ ビジネス条項の記載例

以下、売買契約やコンサルティング契約（委任契約の一種）を例に、ビジネス条項の記載例を検討する。

㈦ 物やサービスの特定

《記載例1》 別紙による物・サービスの特定条項

> 甲は乙に対し、別紙〇記載の商品（以下「本商品」という。）を、売り渡し、乙はこれを買い受ける。

《記載例2》 仕様書による物・サービスの特定条項

> 甲は乙に対して、別紙仕様書記載の製品を売り渡し、乙はこれを買い受ける。

契約書において、物やサービスが特定されているのは当然のことのようにも思える。しかし、実際には、担当者には通じるものの、第三者が見ると物やサービスの特定が不十分な場合がある。また、相手方の担当者との間で認識に微妙なずれがある場合もある。したがって、契約書の他の条項にも該当することであるが、「第三者の目で見て、十分にわかりやすい記載がなされているか」という視点が必要である。

この点、契約書において売買の目的物やサービスの特定する場合には、別

紙や仕様書が用いられることが多い。すなわち、別紙に、商品の品名、仕様、品番ないし型番、数量、その他目的物を特定する要素を記載し、または仕様書に当該商品の備えるべき要件等を記載すること等によって、対象を具体的に記載する方法である。

　もっとも、いくら具体的に記載しても、その記載内容について当事者の解釈が異なる場合や、別紙や仕様書に記載されていない機能を当該商品が当然備えておくべきかという点などに争いが生じることがある。この点、「別紙や仕様書に記載がないのだから当然当該機能は要求されていない」との見解も当然成り立つ。しかし、実務では「仕様書に具体的な記載がなくても、本商品であれば当然この機能は備えておくべきだ」というようなかたちで当事者間で争われることも多い。特に、ソフトウェア開発契約などでは、仕様書をめぐる争いが多く見られる。

《記載例3》　コンサルティング・サービス内容の特定条項

> 　甲は乙に対し、甲のCSR（Corporate Social Responsibility、「企業の社会的責任」に関するコンサルティング・サービス（以下、「本件サービス」という。）を依頼し、乙はこれを受任する。本件サービスの内容は、CSR現状分析、マネジメントシステム構築、個別テーマ対応、CSR報告書作成の4つから構成される。

　コンサルティング・サービスは、一般には委任契約と解釈される。請負契約が、請負者が完成義務を負い、依頼者は完成した成果物に対して対価を支払う契約（民法632条）であるのに比べ、委任契約は、サービスの完成への対価ではなく、サービスの提供自体へ対価を支払う契約である（民法643条・648条）。

　コンサルティング契約においては、「最初の話と実際のサービスが違う」

といったかたちで当事者間に争いが生じやすい。具体的なサービス内容を契約書に記載する、途中で実情に合わせてサービス内容の見直しを可能とする等の工夫が必要となる。

(イ) 物の引渡し・サービスの提供

《記載例4》 引渡条項

> 甲は乙に対し、引渡期日において（＊具体的日時を明記する場合もある）、乙が指定する場所（＊具体的場所を契約書上に明記する場合もある）にて、乙所定の手続に従い、本商品を引き渡す。搬送費は乙の負担とする。

引渡場所・搬送費用について定めをおかない場合、民法484条・485条が適用され、原則、買主の所在地にて提供し、搬送費は売主負担となる。ビジネス契約においては、引渡場所・搬送費の負担を具体的に定めるのが通常である。

《記載例5》 サービスの提供方法についての条項

> 本件サービスは、平成19年4月1日より同年9月30日の期間において、別紙のスケジュールに従って、乙の事業所において、甲より乙へ提供されるものとする。ただし、甲乙の協議によりサービス提供期間を延長することができる。延長する場合のサービスの内容・コンサルティングフィーについては、別途定める。

コンサルティング契約延長に伴う報酬の増加についての交渉はかなり困難になることが多い。特に延長前のサービス内容について依頼者側に不満があるような場合はなおさらである。契約延長の規定を設ける場合は、その際の報酬の決め方を記載しておくことが望ましい。

㈦ 検　査

《記載例6》　検査条項

> 乙は甲より商品の引渡しを受けた後、5営業日以内に検査し、合格したもののみを受け入れるものとする。検査方法は乙所定の方法とする。

　商人間の売買の場合、買い主は、商法526条により「遅滞なく」目的物の検査をすることが要求される。もっとも、同条の規定は任意規定であるため、当事者でこれと異なる定めを設けることができる。

　また、「遅滞なく」とするだけであると具体的な期限が不明瞭であるため、実務上は「5営業日」等、期限を明記する例も多い。

　商品受入検査はその性質上重要であることが明らかであるにもかかわらず、実務においてはしばしば、繁忙を理由に省略されることがある。また、決算対策や予算消化の目的で、いわゆる「経理検収」(実際には検収していないが、検収したことにして支払い等を行うこと) が行われることもある。このような場合、後日、商品の瑕疵が発見されても、「検収で問題がなかったはずだ」の理由でトラブルになることが多い。安易な検収は厳に慎むべきである。

　なお、コンサルティング・サービスは、前述のように「委任契約」であるため、請負契約のような完成品の検査という概念にはなじまない。もっとも、依頼者の意向とかけ離れたサービスにならないよう、サービスの過程で「中間報告」等がなされ、事実上、依頼者のチェックを受けるようになっている場合が多いようである。

(エ) 支払日、支払方法

《記載例7》 支払条項

> 乙は前条の検査により合格品となったものにつき、毎月末日締切り、翌月月末払い（当該支払日が休日の場合は、翌営業日）にて、甲の指定する銀行口座に振込みにより、支払うものとする。振込手数料は乙の負担とする。

売買契約における代金支払日については、契約にて別途定めない限り、物の引渡しの時期と同時と推定されるので（民法573条など）、契約書で具体的に明記すべきである。

支払方法については、以下のようにさまざまな方法がある。原則として、当事者の協議により定められるが、下請法が適用される場合は、さまざまな制限があるので注意が必要である。

【支払方法の検討】

回　数	一括払い、分割払い、
時　期	前払い（全部、一部）、後払い（検収後に一括払い等）
方　法	現金、手形、相殺、ファクタリング契約[5]

---

[5] ファクタリング契約とは、債権者、債務者、ファクタリング会社の3者間の契約であり、手形に代わる支払手段として近年、増加している債権回収方法である。具体的には、債権者がファクタリング会社へ債権譲渡し、債権者はファクタリング会社より弁済期日前に利息分を割り引いて支払いを受け、債務者はファクタリング会社へ弁済期日に支払いを行う、というスキームとなる。債権の早期回収、手形の管理コストや印紙税などの経費の削減といったメリットがある。もっとも、ファクタリング会社への手数料いかんによっては、手形の割引を受けるほうが経済的な場合もある。

【下請法の制限】

回　数	以下の時期を超えるような分割払いは禁止される。	
時　期	支払時期を定めなかった場合は物品等の受領日が支払日となる。定める場合は物品等の受領日から60日以内	
方　法	発注に際し、書面に支払方法を記載して下請業者へ交付しなければならない。	
その他	単価の遡及的適用の禁止、協力値引きの禁止、有償支給原材料等の対価との相殺の禁止等	

【コンサルティング契約の場合】

　コンサルティング契約の場合は、報酬の支払形態は以下のようにさまざまである。
① タイムチャージ方式
　（サービス提供時間）×（1時間あたり報酬額）
② 定額方式（顧問方式）
　月額等で基本コンサルティング料を設ける。
③ プロジェクト方式
　プロジェクト全体の報酬額を定める。着手時と終了時に分けて、報酬が支払われる場合が多い。
　また、報酬とは別に、「費用（交通費、通信費等）」を請求することを明示するのが一般的である。

《記載例8》　コンサルティングの料金条項

　本サービスへの報酬は、タイムチャージ方式にて支払われるものとする。乙のコンサルタントの1時間あたりの報酬金額は別紙のとおりとする。月あたりの稼働時間の上限は〇〇時間とし、それを超える場合は、事前に甲へ連絡し、

承諾を得るものとする。
　下記の費用については、甲の負担とする。
　〇〇〇〇、△△△、……

　(オ)　所有権の移転、権利の帰属

　売買契約の対象物である物の所有権が、いつの時点で売主から買主へ移るかについて、民法上は具体的な規定はない。ただし、売買が意思表示によって成立すると定める民法の原則からすれば、売買契約の成立時点（意思の合致の時点）をもって所有権が移ることになろう。
　この点、判例上は以下のように処理されている。

【所有権の移転時期に係る判例】

> ①　特定物の場合
> 　特定物の売買契約では、将来のある時期にその所有権を移転する旨の特約がない限り、直ちに所有権移転の効力を生ずる。（最三小判昭和51・6・15金法802号33頁）
> ②　不特定物
> 　不特定物の売買においては、特段の事情のないかぎり、目的物が特定した時に買主に所有権が移転するものと解すべきである。
> （最二小判昭和35・6・24民集第14巻8号1528頁）
> ③　他人物売買
> 　売主が他人から目的物の所有権を取得した時（最二小判昭和40・11・19民集19巻7号2003頁）

　この点、実務では、物の所有権がいつ移転するかにつき、契約書上に明記するのが一般的である。具体的には、「物の引渡し時」または「物の検収終

了時」または「代金支払い時」に移転すると定めるものが多い。なお、支払いを確保するために、「本商品の所有権は売主が商品代金の完済を受けたときに買主に移転する」と定める場合もある（「所有権留保」）。

　所有権の移転時期は、たとえばその物に保険がかけられていた場合、保険の受取人は誰になるかといった問題、また、代金が支払われない場合に納入した物を取り戻すことができるかといった問題にもかかわる重要な事項である。

《記載例9》　所有権移転条項

> 目的物の所有権は、
> ・目的物の引渡しをもって、
> ・目的物の検収の合格をもって、
> ・代金の支払いをもって、
> 甲から乙へ移転する。

　売買契約にくらべ、コンサルティング契約（サービスの提供）の場合は、コンサルタントのノウハウはコンサルタント側にとどめられ、クライアントへ移ることはない。したがって、所有権移転に関する規定は設けられないが、その代わりに、ノウハウの帰属につき、以下のような規定が設けられることが一般的である。

《記載例10》　コンサルティング・ノウハウの帰属条項

> 　本件において乙が甲に提供するサービス（以下、「本件サービス」という。）に係る甲作成のすべての書類に関する著作権その他の一切の知的財産権及び本件サービスに関する乙のノウハウ、アイディア、コンセプト等（「本件成果物等」という。）は乙に帰属するものとし、本サービスの提供をもっても、甲へ移転しない。ただし、甲は本契約の定めに従って、本件成果物を利用する権利を有する。

以上のとおり、ビジネス条項では、いかにビジネスを具体的に規定するかがポイントである。上記のように、売買契約とコンサルティング契約、また前掲ウ（54頁参照）で紹介したスポンサーシップ契約では、物やサービスの特定の仕方、代金の支払方法等について顕著な違いがある。
　続いて、後掲(2)では主に売買契約をベースに、ビジネスに伴うリスクを契約書上どのように対処するかにつき検討する。

(2) リスク管理条項

ア　リスク管理条項の重要性

　本書において、リスク管理条項とは、「ビジネスにおいてトラブルが生じた場合の処理をあらかじめ定める条項」を意味する。売買の目的物に欠陥があった場合の瑕疵担保責任の定め、支払いにトラブルが生じた際の保証責任の定め等が代表的である。
　リスク管理条項は契約関係におけるトラブルの発生を前提とするため、ビジネスを前向きに進めようと意気が上がっている契約締結「前」には、軽視されがちである。「そんなに、相手を疑ってばかりじゃ、ビジネスができません」といった言葉が出ることもあるだろう。
　確かに、これからビジネスを始めようとする際に、「物に欠陥があった場合には」「支払いを怠った場合には」といったネガティブな事項については協議しづらい面もある（このような場合、「うちの弁護士がうるさいんです」と相手方に言うことは1つの対処法である）。実際、民法や商法の規定のままの瑕疵担保責任や、損害賠償の定めでよしとして、十分に検討されることなく、ひな形的な文言で対処される例もよく見られる。
　しかし、たとえば、契約書に「無催告解除」の特約を定めておけば、トラブル発生の際、速やかに契約を解除し、損失の拡大を防げる場合がある（ただし、場合によっては無催告解除が認められない場合もある）。また、第1章で

前述したように（9頁参照）、「提携先の社長が逮捕された。会社同士の提携契約を解除できるか」というような場面でも、解除事項に「締結時現在の代表取締役がその職を辞することになった場合」と定めておけば、相手方の不祥事発生の際に、解除することが可能となる（社長逮捕の場合、解任または辞任等するのが一般的である）。「契約締結時現在の代表取締役がその職を辞することになった場合」という文言に抵抗がある場合は、「契約締結時の当事者の役員構成等に大きな変更があった時」等の表現も可能である。

このように、トラブルが生じた場合にどのような手段がとれるのかについて、民法に立ち返って1から検討するよりも、契約であらかじめ定めておいたほうが、スムーズな処理が可能である。また、民法で予定していなかったようなトラブルの処理ができるところに、契約書作成のメリットがある。トラブルになってはじめて、「ああ、この規定を設けておいてよかった」というように使われるのがリスク管理条項である。普段は目立たないものの、有事の際、その役割は大きい。また、契約の「特約活用機能」（7頁参照）をもっとも活用できる場面でもある。

イ　主なリスク管理条項

【物のリスク】
瑕疵担保責任、危険負担、製造物責任
【支払いリスク】
債務保証、保証金、相殺（期限の利益喪失）、所有権留保
【取引全体に関するリスク】
損害賠償、解除、譲渡禁止、チェンジ・オブ・コントロール、秘密保持

以下、売買契約をベースに、代表的なリスク管理条項について個別に検討する。なお、実務上、特に重要な条項は、「瑕疵担保」「損害賠償」「解除」

であろう。この3つはビジネスの特徴によってさまざまなバリエーションを特に検討できる。

ウ 物のリスク

㈦ 瑕疵担保条項（売買契約の場合）

(A) 民法の原則

民法の規定上、担保責任とは、「売買の目的物が他人の物であったり、数が足りなかったり、隠れた欠陥があった場合に売主が負担する責任」である。そのうち、物に瑕疵があった場合の瑕疵担保責任は、契約法における最も重要な規定の一つとされている（内田民法Ⅱ132頁）。具体的には以下のような内容である（下線は筆者による）。

民法
第570条
　売買の目的物に隠れた瑕疵があったときは、第566条の規定を準用する。ただし、強制競売の場合は、この限りでない。
第566条
　売買の目的物が地上権、永小作権、地役権、留置権又は質権の目的である場合において、買主がこれを知らず、かつ、そのために契約をした目的を達することができないときは、買主は、契約の解除をすることができる。この場合において、契約の解除をすることができないときは、損害賠償の請求のみをすることができる。
2　前項の規定は、売買の目的である不動産のために存すると称した地役権が存しなかった場合及びその不動産について登記をした賃貸借があった場合について準用する。

> 3　前2項の場合において、契約の解除又は損害賠償の請求は、買主が事実を知った時から1年以内にしなければならない。

上記は以下のように要約できる。

いかなる場合	売買の目的物に隠れた瑕疵があった場合
いつまでに	買主がその事実を知った時から1年以内であれば
何ができる	買主は、契約の解除および損害賠償請求（解除ができない場合は損害賠償請求のみ）をすることができる

そして、学説上はさまざまな議論があるものの、判例上は瑕疵担保責任が適用されるのは目的物が「特定物」[6]である場合に限られ、また瑕疵担保責任は債務不履行責任が適用されない場合に適用される法定責任（法が定めた特別の責任）、かつ無過失責任である、とされる。

(B)　商人間の売買の例外（商法による特則）

商人間の売買については、商法526条に以下のように民法の一般原則の例外が規定されている。企業のビジネス契約にとって主要な規定である。

> **民法**
> **第526条**
> 　商人間の売買において、買主は、その売買の目的物を受領したときは、遅滞なく、その物を検査しなければならない。

---
[6] 特定物とは不動産や美術品のように、その物の個性に着目して引渡しの対象とされた物（内田民法Ⅲ16頁）。

> 2　前項に規定する場合において、買主は、同項の規定による検査により売買の目的物に瑕疵があること又はその数量に不足があることを発見したときは、直ちに売主に対してその旨の通知を発しなければ、その瑕疵又は数量の不足を理由として契約の解除又は代金減額若しくは損害賠償の請求をすることができない。売買の目的物に直ちに発見することのできない瑕疵がある場合において、買主が6箇月以内にその瑕疵を発見したときも、同様とする。
> 3　前項の規定は、売主がその瑕疵又は数量の不足につき悪意であった場合には、適用しない。

すなわち、商法526条は、商人間の売買においては、

> ①　目的物を受け取った後、遅滞なく検査をすること
> ②　検査の結果、瑕疵・数量不足を発見した場合、直ちに通知すること
> ③　直ちに発見できない瑕疵の場合は、6か月以内にこれを発見し、通知すること
> ④　上記を満たさない場合、目的物の瑕疵・数量不足による救済を求めることができない

という規定を設けている。

買主に（遅滞ない）検査義務を設け、すぐに発見できない瑕疵・数量不足についても目的物を受け取ってから6か月以内には通知しなければならないとする点が民法の規定とは大きく異なる。商人間の売買について迅速な処理を意図するものである。

そして、民法の瑕疵担保責任は特定物の売買にのみ適用されるが、商法526条の規定は特定物に限らず、不特定物（種類物）[7]にも適用されるとする

---
(7)　不特定物（種類物）とは、物の個性ではなく、同じ種類の物の一定数量の引渡しが目的とされる場合の、その目的物（内田民法Ⅲ16頁）。

のが判例である。商人間の取引の迅速性の要請は、特定物であろうと不特定物であろうと変わりないためである。

(C) ビジネス契約におけるバリエーション

上記(A)(B)で紹介した民法・商法に規定される瑕疵担保条項は強行規定ではない。したがってビジネスの具体的な内容や当事者の力関係（ただし、正当な範囲で）を反映した規定を任意に設けることが可能である（「契約＞任意規定」の例。14頁〜15頁参照）。ビジネス契約において、民法・商法の適用を排除し、契約書上で定めた方法のみによって、救済措置を求めることができることを明記する場合もある。

《記載例11》 救済措置の限定条項

> 甲及び乙は、本条に基づいてのみ、相手方当事者に対して法的責任を負うものとし、本条に規定されたもの以外の瑕疵担保責任等民法その他の関連法令に基づく救済措置に関する権利を放棄する。

(D) 瑕疵担保条項の主なチェックポイント

以下、実務上でよく見受けられる瑕疵担保条項のバリエーションとそのチェックポイントを紹介する（なお、下記の規定は、いずれも下請法の適用がないことを前提にしている）。

【ケースA】 商品の納入後3か月以内に、商品について甲の責に帰すべき隠れた瑕疵が発見され、乙が甲に通知した場合、甲はその負担において速やかに代品納入または瑕疵の修補を行う。また、甲は、納品代金額を限度として乙の被った損害につき賠償の責めを負う。

【ケースB】 甲は、発注品受入検査合格の時から1年以内に発注品の隠れた

る瑕疵を発見し、乙にこれを通知したときは、乙に対して乙の負担において<u>修補もしくは代品と交換させ、または代金の減額を請求</u>することができる。いずれの場合も甲の損害賠償の請求を妨げない。

【ケースC】　乙は、発注品が甲乙合意のうえ決定した条件に合致していることを保証する。
　甲による受入検査合格後または<u>特別採用</u>[(8)]の時から6か月以内に<u>瑕疵が発見され、甲が乙に通知した場合（隠れた瑕疵に限られない）</u>、乙は甲の指示に従い、乙の負担で代品納入または修理を行う。

ケースAからCの比較のポイントは以下のとおりである。

(a)　補償請求期間の起算点をいつとするか

ここでいう補償請求期間とは、担保責任に基づく補償請求をすることができる期間を意味するものとする。そして、起算点とはその期間の計算を開始する時点である。ケースAでは、起算点が納入時とされ、ケースBとケースCでは受入検査合格後とされている。

〈図表13〉　補償請求期間の起算点

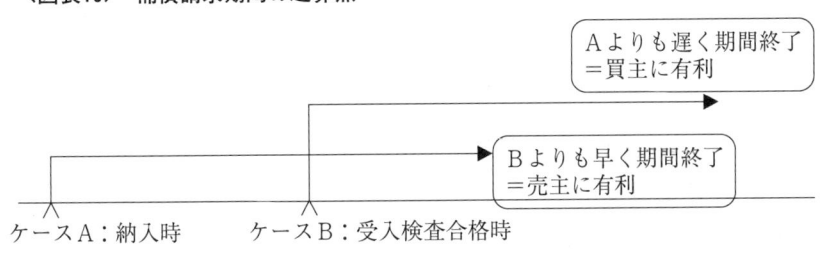

Aよりも遅く期間終了
＝買主に有利

Bよりも早く期間終了
＝売主に有利

ケースA：納入時　　　ケースB：受入検査合格時

---

(8)　特別採用とは、検査には合格しない不適合製品であっても特別に採用すること。

補償請求期間を同じとすれば、起算点が早いAのほうが売主には有利、起算点が遅いB、Cのほうが買主には有利となる。

(b) 補償請求期間の設定

民法上の売買契約における瑕疵担保責任では補償を請求できる期間は買主が事実を知った時から1年である（商法においては、引渡し後6か月）。この点、ビジネス契約においては必ずしも1年ないし6か月ではなく、さまざまな期間が設定されている。契約当事者の力関係が顕著に現れる場面でもあるが、一般的には6か月～2年内の場合が多い。売買の目的物の性質いかんにもよる。たとえば、長期間使用することが前提の目的物であれば、6か月の補償期間では短いという事情もあろう。また、一切の補償請求を認めずに、無保証とすることもあり得る（ただし、公序良俗違反として認められない可能性もあり、また特別法により免除特約が無効とされる場合もあるので注意を要する）。

《記載例12》 無保証条項

> 乙は本商品の瑕疵につき、その瑕疵が隠れた瑕疵であるか否かを問わず、瑕疵担保責任等民法その他の関連法令に基づく一切の責任を負わないものとする。

(C) 帰責性

ケースAは「甲の責めに帰すべき」場合、すなわち当該瑕疵について売主に責任がある場合に限り、買主は補償を請求できるとする。

一方、ケースB、ケースCは、売主の帰責性を必要とせず、瑕疵の事実の存在をもって、補償を請求できるとされ、民法の瑕疵担保責任の規定に近く、買主に有利になっている。無過失責任をより明確にするためには、たとえば以下の記載例のように、「乙の帰責性の有無にかかわらず」と明記する

こともある。

《記載例13》 無過失責任の明確化条項

> 甲は、発注品受入検査合格の時から1年以内に発注品の隠れたる瑕疵を発見し、乙に通知したときは、乙に対して、<u>乙の帰責性の有無にかかわらず</u>、乙の負担において相当期間内に修補もしくは代品と交換させ、又は代金の減額を請求することができる。いずれの場合も甲の損害賠償の請求を妨げない。

(d) 瑕疵の性質

ケースA、Bは「隠れた瑕疵」についてのみ規定している。隠れた瑕疵の意味について特に規定がなければ、民法の規定と同義、つまり「買主が通常要求される程度の注意を用いても発見できない」瑕疵と解釈されよう。一方ケースCでは、瑕疵を「隠れた瑕疵」に限定していない。したがって、保証内容と合致しない瑕疵について、買主は売主に対して補償を請求できることになる。

(e) 補償請求の内容

民法上の瑕疵担保責任における補償は、損害賠償請求のみであり、代品納入または瑕疵の修補請求は規定されていない。

上記のケースA～Cでは、いずれも代品納入または瑕疵の修補請求を認め、実務に沿った解決策を規定している。

(f) より具体的な検討

上記において瑕疵担保責任規定における一般的なポイントについて簡単に述べたが、それに関連して、以下の①～③についても具体的な検討が必要となる。

(i) 受入検査の規定例

① 「目的物納入後遅滞なく検査、ただし3営業日以内に通知なき場合はこれを合格したものとみなす」として、3営業日という期限を設ける例

② 「受領後買主において検査するとともに、合否の結果を乙に通知する」とし、具体的な期限を設けない例（ただし、この場合、商法の適用を除外しない趣旨とみなされ、「目的物を受け取った後、遅滞なく検査をすること」「検査の結果、瑕疵・数量不足を発見した場合、直ちに通知すること」「直ちに発見できない瑕疵の場合は、6か月以内にこれを発見し、通知すること」「上記を満たさない場合、目的物の瑕疵・数量不足による救済を求めることができない」という商法526条が適用される可能性が高い）。

③ 具体的な検査方法を明記する例（抜き取り検査、全品検査、その他）

(ii) 瑕疵の通知方法の規定例

① 「速やかに通知し」（口頭での通知も可能とする例）

② 「速やかに書面をもって通知し」（書面での通知に限定する例）

③ 「速やかに当該瑕疵の内容を具体的に記した書面をもって通知する。本件の補償義務は当該通知が検収後1年以内になされることを条件とする」

(iii) 損害賠償請求の規定例

前掲(D)のケースA、B（68頁参照）では「損害賠償請求ができる」とするだけで、損害賠償の範囲について、具体的には規定されていない。

この点、民法の瑕疵担保責任に基づく損害賠償は、「信頼利益」[9]の範囲に限定されるが、実務上は下記のようにさまざまな規定が見られる。

① 「買主が被った一切の損害および損失及び費用（合理的な弁護士費用を含む）を売主に賠償請求することができる」

---

(9) 信頼利益　その瑕疵がなかったと信頼したために買主に生じた損害（契約締結前の状態に債権者を戻す）
　　 履行利益　瑕疵のない物の給付がなされたならば買主が得たであろう利益

② 「買主は売主に賠償請求することができる。ただし、賠償額は本商品の瑕疵を原因として現実に発生した通常の損害に限る」
③ 「買主は売主に賠償請求することができる。ただし賠償額は本商品の瑕疵を原因として現実に発生した通常の損害に限り、かつ、本商品の売買代金を上限とする」
④ 「売主の損害賠償責任は、債務不履行責任、瑕疵担保責任その他請求原因のいかんにかかわらず、〇〇〇円を上限とする」

特にソフトウェア開発契約では、ソフトウェアの不具合により、膨大な損害が発生するリスクがあるため、損害の上限（委託報酬金額を上限にする等）を定める場合が多い。

ただし、そのような規定を設けていても故意・重過失に基づく損害賠償や人身損害については制限が認められないことがある。

この点、2005年12月8日にみずほ証券がジェイコム株を誤発注し、約407億円の損失を計上したいわゆる「ジェイコムショック」事件においては、一部報道で「東京証券取引所は参加者規定で故意または重過失がない限り、取引所を利用した業務で生じた損害を賠償しないとしていることを理由に負担に応じない考え」とされており、2008年2月現在訴訟係属中である。免責条項の存在も1つの争点となっていると予想される。

【損害賠償の免除を認めない例】

① 消費者契約法8条
　たとえば、消費者との間の以下のような契約条項は無効となる。
　「いかなる場合でも当社の損害賠償額は〇〇万円を限度とする」
　「万一、商品に問題があっても当社は、損害賠償、交換、修理には一切応じません」
② 宅地建物取引業法38条・40条
　損害賠償額の予定等の制限、瑕疵担保責任についての特約の制限。

③ 判例（故意・重過失ある場合は、信義則違反・権利濫用とされた例）
乗客の死傷事故による運送人の損害賠償責任額の限定規定を公序良俗に反して無効とした例（大阪地判昭和42・6・12判タ207号230頁）。

(E) 請負契約の瑕疵担保条項

上記(A)～(D)では、売買契約における瑕疵担保条項について述べたが、売買契約のみならず、請負契約においても目的物の瑕疵がよく問題になる。

売買契約と請負契約は、物が有償で移動するという点では共通であり、民法の売買における規定が請負契約にも準用されている（民法559条）。

ただし、請負契約における瑕疵担保規定と売買契約における瑕疵担保規定とは、民法上以下の点が異なっている。

【売買契約と請負契約における瑕疵担保条項の違い】

- 請負の発注者は請負人に対し、瑕疵の修補請求権がある（売買においては修補請求の規定はない）（民法634条）。
- 売買契約の瑕疵担保規定の存続期間は、瑕疵の事実を知ったときから１年であるが、請負契約の場合は、物の引渡しから１年である（民法637条。ただし、物の特性によって、５年、10年の存続期間も適用される）。
- 売買契約の場合、瑕疵は「隠れた瑕疵」に限定されるが、請負契約の場合は、隠れた瑕疵に限定されない。

もっとも実務においては、売買契約と請負契約が厳然と区別されずに、いずれも「取引契約」と称されることも多い。また、製造物供給契約などは、売買契約と請負契約の双方の性質をあわせもつ「混合契約」としてその法的性質が説明されることもある。

請負契約における瑕疵担保規定についても、民法の規定は任意規定であり、

ビジネス契約においてさまざまな定めが規定されている。その特徴等は、前述の売買契約における瑕疵担保規定のバリエーション（前掲(D)(68頁参照)）で述べた内容と同様である（もっとも、請負契約の場合、下請法の適用対象となる場合があるので注意を要する。下請法が適用される場合の注意点については、125頁以降参照のこと）。

製造物供給契約について争われた裁判例では、紛争解決のための必要性に応じて、当該契約が売買契約か請負契約かを認定している場合があるが、その基準はさまざまである。当事者間の意思を問題にするもの、目的物が代替物であるときは売買契約、そうでないときは請負契約、とするものなどがある。請負契約のつもりが、裁判になって「売買契約」と認定され、瑕疵の補償が「隠れた瑕疵」に限定されてしまうようなことがないよう、契約書において瑕疵の補償につき、具体的に定める必要があろう。

(イ) **危険負担条項**

危険負担とは、売買などの双務契約において、「一方の債務が債務者の責めに帰することのできない事由で履行不能となって消滅した場合に、他方の債務も消滅するかどうか」つまり、「履行不能にいずれの当事者の帰責性も認められない場合、どちらがその危険を負担するか」ということを意味する。たとえば、売買の目的物を買主の倉庫に搬入しようとした際に、急に落雷があり、物が消滅してしまった場合（＝履行不能）、代金支払債務はどうなるか、という問題である。

この場合、代金支払債務が消滅しない、つまり物は消滅してしまったものの、買主が依然として代金支払債務を負うものとする処理を「債権者主義（＝債権者がリスクを負う）」といい、反対に買主が代金支払債務を逃れるとする処理を、「債務者主義（債務者がリスクを負う）」という。

民法では、特定物に関する物権の設定または移転を目的とする契約については債権者主義（民法534条1項）を、それ以外の双務契約の一般原則として

は債務者主義（民法536条1項）を採用している。

　しかし、実務的には、物が消滅しているのに、買主が代金を支払うことは受忍しがたい。したがって、ビジネス契約においては、民法と異なる規定を設けることがむしろ一般的である。民法の危険負担に係る定めは任意規定であるので、契約で民法とは異なる定めを設けることができる。

　具体的には、現実に目的物の支配権を有しているものが危険を負担するのが公平だとする考えに基づき、目的物の支配権が移った時点で危険が移転するとする例が多い。そのため、しばしば、危険負担条項は所有権の移転時期に関する条項と並べて記載される（61頁参照）。つまり、所有権移転の時をもって、危険負担の移転とするのが一般的である。また、目的物の事実上の支配は現実の引渡しによって買主へ移るため、危険負担の移転は引渡しの時点とし、所有権の移転は検収ないし売買代金の受領時点とする場合もある。

《記載例14》　所有権移転・危険負担条項

1　本物件の所有権は、｛目的物の引渡しをもって、／目的物の検収の合格をもって、／代金の支払いをもって、｝甲（売主）から乙（買主）へ移転する。

2　甲乙いずれの責めに帰さない事由による本物件の滅失・毀損等の損害は、前項の所有権移転の時期をもって区分し、所有権移転前は甲が、移転後は乙が負担するものとする。

　（または）

3　甲乙いずれの責めに帰さない事由による本物件の滅失・毀損等の損害は、目的物の引渡し前は甲が、引渡し後は乙が負担する。

(ウ) 製造物責任条項

　物の売買に係るビジネス契約の中には、製造物責任法を意識した規定が設けられることが多い。
　製造物責任法とは、直接には、欠陥製品による「消費者」の被害を救済するための法律である。製品に欠陥があったことを証明できれば、製造業者に直接責任を追及できる法律であり、以下2点がその大きな特徴である。

> ① 債務不履行責任や瑕疵担保責任が、直接の契約関係にある買主から売主への責任追及方法であるのに比べ、製造物責任は直接の契約関係になくとも、被害者から製造業者に対して責任を問うことができる。
> ② 不法行為責任（民法709条）が過失責任であるのに対し、欠陥を理由として、製造業者に無過失責任を問うことができる。

　この点、製造物責任法における「欠陥」とは、"予定していた性能を有していない""故障していた"といった瑕疵ではなく、「生命・身体・財産へ害をもたらすような安全上の瑕疵」をいう。したがって、製造物責任法における「被害者」には法人である企業も含まれるものの、実際には"安全上の瑕疵"を理由に企業から企業へ製造物責任を追及する例は少ない。
　よって、ビジネス契約における製造物責任にかかる規定は、もっぱら、最終消費者が製造物責任法における「被害者」となった場合に、企業間の責任分担をどうするか、という趣旨で記載されることが多い。
　〈図表14〉の例で説明すると、本来、被害者は製造業者（企業Y）へ直接製造物責任を追及できるものの、実際には、被害者はまず、自らが購入した小売業等へクレームや法的請求を行うのが通常であろう。たとえば消費者は「この店で取り扱っているから安全だと思っていた」「商品の選択に小売業と

して注意すべきだった」として、小売業側に何らかの請求をすることがある（大手小売店が販売した電気ストーブが化学物質に対する過敏症の原因となる有害物質を発生させたと認定されたケースで判例は、「小売店に化学物質の飛散が発生していたこと及びこれにより健康被害が生じることを認識し又は予見することの可能性が認められる」とし、「結果の発生を回避するための措置を執るべき義務があったのにこれに違反した」として、損害賠償を命じている（東京高判平成18・8・31判時1939号3頁））。

ビジネス契約においては、小売業である企業Xが製造物責任にかかるべき損害等を被害者へ賠償したとしても、最終責任は製造業者である企業Yがすべて負担する旨を記載する例が多く見られる。

また、製造物責任による被害は甚大になる可能性もあるため、製造業者に必要な保険に入ることを義務づける例もよく見られる。

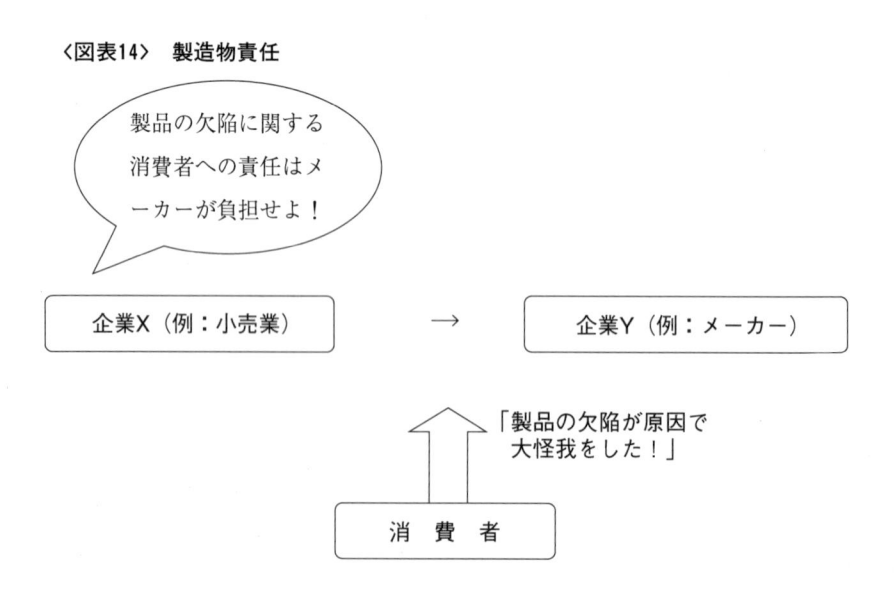

〈図表14〉　製造物責任

「製品の欠陥に関する消費者への責任はメーカーが負担せよ！」

企業X（例：小売業）　→　企業Y（例：メーカー）

「製品の欠陥が原因で大怪我をした！」

消費者

《記載例15》 製造物責任条項

> 甲：メーカー、乙：小売業
> 1　本件商品の欠陥により乙に損害が生じた場合、甲は当該損害を乙に賠償しなければならない。
> 2　本件商品の欠陥により第三者に損害を与え、または与える可能性がある場合、甲はかかる損害を防止するためにリコールその他必要な一切の措置をとらなければならない。かかる措置に必要な費用の一切は甲の負担とする。
> 3　本件商品の欠陥により損害を被ったとして第三者から乙が損害賠償請求を受けた場合には、甲が自らの費用と責任をもって当該第三者との紛争を解決し、乙は一切の責から逃れるものとする。乙が当該第三者に対し本件商品の欠陥から生じた損害について賠償した場合、合理的な内容の弁護士費用も含め、その全額を甲が負担する。
> 4　甲は本件商品についての製造物責任保険（PL保険）に加入するものとし、保険加入証の提示を乙より求められた場合は速やかに提示することとする。

　以上、物のリスクに関する条項の代表例をあげたが、これらは1例にすぎず、実際にはその「物」から生じ得るリスクを見極め、それらに合ったリスク管理条項を設定する必要がある。

エ　支払リスク

㋐　債務保証条項

　「債務保証」というと、金銭消費貸借の保証人を想定しがちであるが、売買契約における支払債務の担保として、買主企業の代表者を保証人とする例もある。

《記載例16》 債務保証条項

> 本契約に基づき買主Ｙが売主Ｘに負う債務〇〇〇円につき、甲はＹに連帯して弁済の責めを負う。

　売買契約に直接記載される場合もあるが、別途、保証契約書が作成される例が多い。売買契約に直接記載される場合は、契約書の締結者は、Ｘ、Ｙおよび甲というかたちになり、保証人である甲も署名・捺印等をすることになる。

　なお、保証契約とは、上記の例で言えば、あくまでも売主Ｘと保証人甲との間の契約であり、ＸとＹとの契約書に「甲を保証人とする」と記載されていても、それだけでは保証の義務は甲には及ばない（つまり、Ｘと甲とで契約がなされたことにはならない）ので注意を要する。

　また、このような保証条項を設けても保証人が支払いをなさなければ債権は回収できないため、実務上は「強制執行認諾付きの公正証書」[10]を作成するなどして回収リスクを担保することになる。強制執行認諾文言[11]が記載されていれば、裁判によらず、強制執行することができる。

〈図表15〉　保証契約

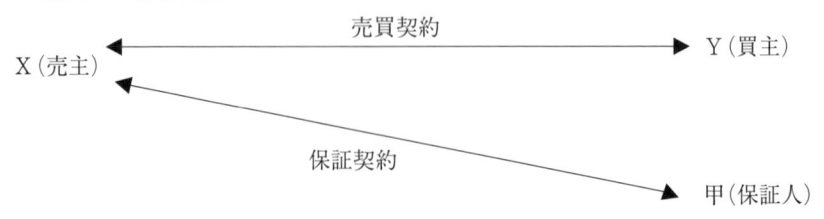

```
                    売買契約
   Ｘ（売主） ◄──────────────► Ｙ（買主）
            ◄─┐
               │
               │ 保証契約
               │
               └──► 甲（保証人）
```

---

(10)　公正証書とは、公証人が公証人法・民法などの法律に従って作成する公文書。
(11)　強制執行認諾文言とは、「本契約に違反した場合には直ちに強制執行をされても異議を申し立てない」等の文言のこと。この文言が公正証書に記載されていると、債務者が金銭債務の支払いを怠った場合、裁判所の判決などを待たないで直ちに強制執行手続に移すことができる。

(イ) 保証金条項等

前記(ア)の債務保証は、支払いがなされなかった場合の事後的回収であるが、あらかじめ保証金もしくはそれに代わる担保を提供させ、支払いがなされなかった場合は当該保証金等から回収すると定める例もある。

《記載例17》 保証金条項

> 1　甲乙間の取引に関する保証金として、本契約締結時に乙は甲に対して金〇〇円を支払うものとする。保証金は甲乙間の取引が終了し、かつ、乙の甲に対するすべての債務の清算がなされるまでは、返還されない。なお、返還の際に利息は付さないものとする。
> 2　保証金額については、乙の信用力の変化、取引状況などの変動により、甲乙協議の結果、変更を行うことができるものとする。
> 3　乙が事由の如何を問わず甲に対する支払いを遅延した場合、甲は何ら催告を要せず、任意に保証金より乙の債務（遅延利息を含む）の支払いを受けることができるものとする。

《記載例18》 根抵当権設定条項

> 甲乙間の取引に係る乙の一切の債務を担保するために、乙はその所有する別紙記載の不動産につき、甲のために根抵当権を設定する。乙は本契約締結時に、当該根抵当権設定に必要な一切の書類を甲に交付し、その他必要となる一切の手続に協力する。

《記載例19》 質権設定条項

> 甲に対する乙の一切の債務を担保するために、乙はその所有する別紙記載の

> 株式につき、甲のために質権を設定する。乙は本契約締結時に、当該株式に係る株券を甲に交付するものとする。

(ウ) 相殺条項──合意による相殺

　相殺とは、たとえばＡがＢに対して債権を、ＢがＡに対して債権をそれぞれ有している場合に、同額（対当額）で債権を消滅させるしくみである。簡便な決済手段であり実務上極めて重要である。

〈図表16〉　相　殺

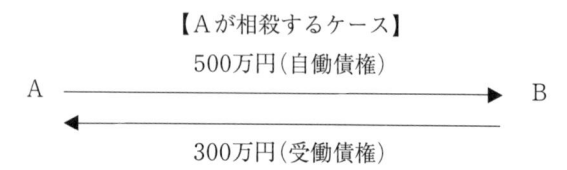

【Ａが相殺するケース】

```
                500万円（自働債権）
       A  ──────────────────────→  B
          ←──────────────────────
                300万円（受働債権）
```

　〈図表16〉でＡが相殺をすると、ＡがＢに対する債権を「自働債権」として、300万円を相殺する（この際の、ＢのＡに対する債権を「受働債権」という）。相殺の結果、Ａの残債権は200万円となる。

　相殺については、民法505条以降に規定があり、契約書に記載しなくとも民法の規定により相殺することも可能である。しかし、民法による相殺には以下①〜④のような制限がある。

① 債権が対立していること

　Ａ→Ｂ、Ｂ→Ａで互いに債権を有していること。

② 債権が同種の目的であること

　金銭債権と金銭債権の相殺とするのが通常である。

③ 両債権が弁済期にあること

　ＡからＢへの債権の弁済期（Ｂの支払日）が10月30日、ＢからＡへの債権の弁済期（Ａの支払日）が９月１日の場合、９月１日にＡから相殺を

通知することはできない。Bには期限の利益があるためである。ただし、Bが期限の利益⑿を放棄し、Bから相殺を通知することは可能である。

④ 両債務が性質上、相殺を許さないものではないこと

たとえば、現実に履行することが必要な債務（労務の提供）などは、相殺してしまうとそもそも債権を成立させた目的が達せられないので、相殺を許さない債務である。また法律上相殺が禁止されている債権としては、以下のようなものがある。

民法509条：受働債権が不法行為により生じた債権の場合
民法510条：受働債権が差押禁止債権の場合
民法511条：受働債権が支払いの差止めを受けた債権の場合

上記のような制限を排して、相殺の決済機能をスムーズに活かすために、ビジネス契約書においては特約としての相殺条項が設けられていることが多い。民法上の相殺は当事者の一方的な意思表示で成立するが、「契約による相殺」は両当事者の合意により成立する。

〈図表17〉 三者間の相殺

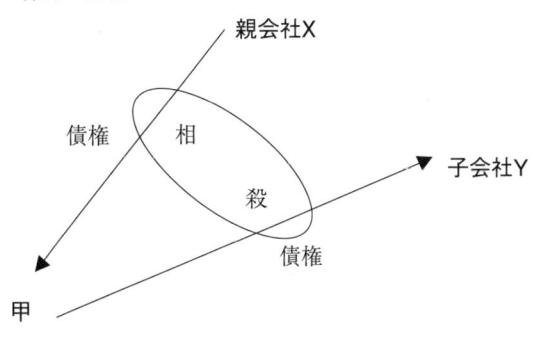

⑿ 期限の利益とは、契約上定められた期限が到来するまでは債務の履行を請求されないこと。「待ってもらえる」利益。

そして、相殺契約によれば、たとえば、Xの甲に対する債権と、甲のY（Xの子会社）に対する債権を相殺することも可能となり、複数企業の決済をスムーズに行うことができる。また、債権の弁済期の到来を待たず、相対立する債権の存在をもって直ちに相殺できると定めることで、早期の決済処理を可能とする。

このように、相殺条項は、契約の特約機能を活かせる顕著な例である。

《記載例20》 三者間の相殺条項

1　Xは甲に対して、2000万円の債権を有することを確認する。
2　甲はXの子会社Yに対して、1500万円の債権を有することを確認する。
3　甲、X、Yは上記1項、2項の債権をそれぞれ対等金額1500万円で相殺することを合意する。

《記載例21》 相殺条項（期限の利益の放棄）

弁済期の如何にかかわらず、本契約の当事者はいつでも債権と債務とを対当額にて相殺することができる。

(エ) 所有権留保条項

所有権留保とは、買主が代金を全額支払う時まで売主に所有権を残すことをいう。所有権を買主に移転させないことで、万が一代金の支払いを得ることができない場合、契約を解除し、商品を取り戻し、損害の拡大（商品も失い、代金も受け取れない）を防ぐことができる。

所有権留保は民法に定めのある制度ではなく、契約上の特約として認められる制度である。

Ⅱ 契約書本文のつくり方——ひな形のない契約書のつくり方

《記載例22》 所有権留保条項

> 本商品の所有権は売主が商品代金の完済を受けたときに買主に移転する。代金不払いがあったときは、売主はただちに買主に対し本商品の返還を求めることができる。

　もっとも、いくら所有権留保条項を設けたとしても、買主が任意に取り戻しに応じない場合は、仮処分等の法的手段をとることになる。勝手に買主の意思に反して実力行使で商品を持ち帰ると、民法上の不法行為や刑法上の住居侵入罪・窃盗罪等が成立する場合もある。

　なお、破産会社に売り渡した商品につき、「当該商品の代金が支払済みであっても、破産会社の譲渡人に対する一切の債務が完済されるまで譲渡人に留保する」とした特約は、被担保債権の種類、発生期間、限度額等を限定せず、譲渡人の破産会社に対する一切の債権を当該商品の所有権留保の被担保債権に包含させる点において民法90条の趣旨に反し無効とした判例もある（東京地判平成16・4・13金法1727号108頁）。

　以上、支払リスクを担保する条項をいくつかあげたが、これらの条項が適用されることなくして、債権が回収されることが望ましいのはいうまでもない。よって、実際には、どのような取引先とつきあうか、どの程度の規模の取引を、どのくらいの支払サイトで行うかなどが非常に重要である。たとえば、新規取引先や信用力に不安がある取引先の場合、取引ロットをできるだけ小さく、債権回収期間は短く、可能な限り現金取引で、といった対応が必要になる（本書の区分に従えば、ビジネス条項においてリスク管理することになる）。

オ　取引全体に関するリスク

㈦　損害賠償条項

　損害賠償条項は多くの契約書に記載されている条項の1つであるが、以下のように簡単に記載されている例が多い。

《記載例23》　一般的な損害賠償条項

> 　甲又は乙が、本契約に違背し、それにより損害が生じた場合、相手方は、被った一切の損害の賠償を請求することができる。

　上記のような記載であれば、契約書に記載せずとも民法の損害賠償の規定に従って賠償請求可能であるが、注意を促す意味でも損害賠償規定を記載するのが一般的である。
　損害賠償請求において、よく問題になるのが「損害賠償の範囲」である。つまり、「どの範囲までを損害とするか」「その金銭評価をどうするか」という問題である。
　たとえば、以下のようなケースの場合、XがYに対して請求できる損害賠償の範囲については議論のあるところである。

〔事例1〕

> ・XがYに製造を委託していた商品に、Y側の問題により異物が混入した。
> ・Xは、当該商品を店頭から回収し、当該商品が正常であれば得られたであろう利益が得られなかった。
> ・回収に際し、広告費や物流費などのコストもかかった。
> ・Xの従業員は各取引先への説明に出向き、交通費・宿泊費等の費用も生じ

た。担当した従業員の残業代も発生した。また、Xの従業員は当該事件の対応に追われ、通常の営業活動ができず、その期間、新たな顧客の獲得機会を失った。
・取引先の信用を維持するためには、今後、Yへの委託を継続するわけにはいかず、新たな委託先を探すことを余儀なくされた。そのための出張コストも発生した。
・新たな委託先からの仕入れはYからよりも高コストになり、収益圧迫要因となった。また、委託先切替えに伴う物流システムの組替えなどのコストも生じた。

上記の過程で生じたすべての費用・損害は、Y側による異物混入がなければ生じなかったものであるから、Xとしてはすべての費用・損害についての賠償請求を望むであろう。上記に加えて、ブランドイメージの毀損についても賠償等を請求することがあり得る（上記の事例とは異なるが、大手小売業がPBブランドのブランドイメージが失墜したとして、製造業者を訴えているケースもある）。

一方、Yとしては、「ありとあらゆる損害の賠償はできない。損害を賠償すると契約書に定めがあっても、それは"通常予想できる合理的な範囲"に限定される」と反論することになろう。

この点、たとえば以下のような定めが契約書に記載されていれば、損害賠償の範囲をめぐる交渉に関する労力は比較的軽減され得る。

《記載例24》 具体的な損害賠償条項

1 本件商品に瑕疵が生じ、それによりXが損害を被った場合、YはXの被った損害の一切を賠償しなければならない。
2 前項による損害とは、以下を含むがそれらに限られない。
(1) 本件商品の瑕疵がなければ、本件商品売却によりXが得られたであろ

> う利益。本件商品1個当たり〇〇円とみなし、売却予定個数を乗じて算出するものとする。
>
> (2) 本件商品の瑕疵を原因として、Xが本件商品を回収その他の処分を行った場合、それに要した物流費・人件費・交通費・広告費その他一切の費用。また仕入先、販売先、その他の取引先（以下、「取引先等」という。）その他との交渉に要した人件費・交通費・通信費その他費用の一切。
>
> (3) 本件商品の瑕疵を原因として、Xが代替商品の仕入れまたは取引先等の変更等を行う場合（以下、「代替手続等」という。）、代替手続等によって増加したコストがあればその差額相当額（本件発覚から6カ月分とする）。
>
> (4) 本件商品の瑕疵を原因として取引先等がXとの取引をとりやめる、取引量を減少する等の事象が発生し、Xの売上高が減少した場合、本来の売上高に伴う限界利益額（ただし、本件発覚から6カ月間の利益額とし、また上記(1)号と重なる部分は損害額から控除する。本来の売上高とはXの直近の売上計画表に従う。）。
>
> (5) その他、本件商品の瑕疵を原因として、Xに生じた一切の損害及び費用（損害額の10％を上限とした弁護士費用を含む。）。

　上記のように具体的に記載すれば、Yは「人件費まで負担することは契約時に予想していなかった」等の主張ができなくなり、Xは有利となる。

　ただし、上記のような記載をすると相手方が契約締結自体を拒むことも予想され、契約締結段階の交渉に時間と労力を費やすことになろう。

　また、Yとしては、上記の内容を承諾するとしても、それに付加して「ただし、損害額の上限は5000万円とする」等の上限を設けて、損害額が想定をはるかに超えて多額にならないようXと交渉することになろう。いずれにせよ、上記の例は、いかに損害を具体的に予想して契約書に反映させるか、という点で参考にされたい。

　なお、商品の瑕疵に伴う損害賠償義務は比較的損害の予想が容易であるが、たとえば、誠実交渉義務に違反した場合や独占的交渉義務に違反した場合な

II 契約書本文のつくり方——ひな形のない契約書のつくり方

どの損害賠償の範囲については、その規定の仕方が難しい。

この点、企業買収にかかる契約などでは、独占的交渉義務に違反し、別の相手先と交渉した場合、〇〇円を損害額と「みなす」として、具体的金額を明記する例もある。

《記載例25》 独占的交渉義務違反に伴う損害賠償条項

> 甲が独占交渉義務に違反した場合、甲は乙に対して、乙が現在までの交渉に要した合理的範囲の実費全額と金〇〇円を損害金として支払うものとする。

なお、74頁で述べたように、故意・重過失により損害を発生させたような場合は特約による損害賠償の制限の定めが無効となる場合があるので注意を要する。特別法により損害賠償の免除を認めない例があることも前述（74頁）のとおりである。

また、上記ではいずれも契約上の義務違反を理由とした損害賠償について述べているが、契約の締結に至らない段階でもその準備段階における不誠実な行為等を理由に損害賠償が認められる場合がある。「契約締結上の過失」と呼ばれる。

この点、インドネシアの林業開発計画の挫折に関して日本の総合商社の契約締結上の過失が争われた以下のような事例がある。

【契約締結上の過失に基づく損害賠償請求が認められた例①】

> **東京高判昭和62・3・17判時1232号110頁**
> 「当事者間において、契約締結の準備が進捗し、相手方において契約の成立が確実なものと期待するに至った場合には、その一方の当事者としては相手方の右期待を侵害しないように誠実に契約の成立に努めるべき信義則上の義務があり、これに違反して、市況の低落などを理由に契約の締結を中止した

場合に、右契約締結の中止を正当視すべき特段の事情もないときには、右中止は、相手方に対する違法行為として相手方の被った損害につきその賠償の責を負うべきである」。

　また、Xの開発、製造したゲーム機を順次XからY、YからAに販売する契約が締結に至らなかったケースでも、YがXに対して契約が確実に締結されるとの過大な期待を抱かせる行為をしたことが契約準備段階における信義則上の注意義務に違反するとされた。ここでは、Yによる以下のような行為の存在が認定されている。実務において示唆に富むところなので、一部引用する（下線は筆者による）。

【契約締結上の過失に基づく損害賠償請求が認められた例②】

最三小判平成19・2・27判タ1237号170頁

「XはYとの間で本件商品の開発、製造に係る契約が締結されずに開発等を継続することに難色を示していたところ、Yは、Xに本件商品の開発等を継続させるため、Aから本件商品の具体的な発注を受けていないにもかかわらず、YがXとの間の契約の当事者になることを前提として、平成9年12月26日ころ、Xに対し、本件装置200台を発注することを提案し、これを正式に発注する旨を<u>口頭で約し</u>、平成10年1月21日に、本件装置100台を発注する旨等を記載した<u>本件発注書を交付</u>し、同年6月16日に、本件装置を10か月間、毎月30台を発注する旨等の提案をした<u>本件条件提示書を送付</u>するなどし、このため、Xは、本件装置100台及び専用牌の製造に要する部品を発注し、専用牌を製造するために必要な金型2台を完成させるなど、相応の費用を投じて本件商品の開発、改良等の作業を進め、7月分商品を製造し、これをYに対して納入した」。

　上記②最三小判平成19・2・27のケースでは取引決裂の主たる原因はA

にあるにもかかわらず、契約準備段階におけるYの「過大に期待をいだかせる」行為の存在を理由に損害賠償請求を認めるに至っている点が興味深い。多数当事者が関係する契約の交渉において、どのように関与すべきかを検討する際に大いに参考になろう。

　(イ)　解除条項

　解除とは契約の拘束力から一方当事者を解放するための制度である。解除という制度がなければ、債務不履行（たとえば代金不払い）があるにもかかわらず、他方当事者は契約による拘束（たとえば商品提供義務）から解放されないことになる。**取引関係が順調に進んでいるときはほとんど注目を浴びないが、ひとたび何か事が生じると、まず取り上げられるのがこの解除条項である。**

　契約に締結の自由がある以上、解除も自由であるのが原則であるが、契約がいかなる場合にでも簡単に解除できるとすると、契約関係が継続することを信頼して取引関係に入った相手方または当該取引の存在を前提にしていた第三者に不測の損害を与えかねない。したがって、解除権はその行使が一定の場合に制限されるのが通常である。民法においては、「履行遅滞における解除権（民法541条）」「履行不能による解除権（民法543条）」というように、債務者側の債務の履行違反の種類に応じて解除権を定めている。

　この点、ビジネス契約における解除条項は以下のように記載される例が多い。

《記載例26》　解除条項

1　甲又は乙は、相手方が本契約に違反している事実が判明したとき又は本契約の遂行が困難と判断される客観的事由が生じたときは、文書にてその是正を求め、当該文書による通知後２週間以内に相手方がその是正を行わな

いときは、自己の債務の履行を提供しないで即時に本契約を解除し、併せて損害賠償を請求できるものとする。
2　甲又は乙は、相手方が次の一つにでも該当したときには、何らの通知催告及び自己の債務の提供を要しないで本契約を解除し、併せて損害賠償を請求できるものとする。
　⑴　仮差押え、仮処分、強制執行、競売の申立て若しくは破産、民事再生、会社更生開始の申立てがあったとき、又は清算に入ったとき
　⑵　租税公課を滞納して督促を受けたとき、又は保全差押えを受けたとき
　⑶　支払いを停止したとき
　⑷　手形交換所の取引停止処分を受け、又は不渡手形を生じたとき
　⑸　監督官庁より営業停止処分を受けたとき
　⑹　その他契約の遂行が不可能と判断する客観的事由が生じたとき
3　前2項に該当した側は、当然に相手方に対する全債務の期限の利益を失い、残債務全額を直ちに相手方に支払うものとする。

　ただし、上記のように契約書に解除条項が規定されていても、実際の解除の場面ではさまざまな問題が生じる。多くの問題が以下の3つに集約されるように思う。

【解除をめぐる3つの問題】

①　契約書に定める解除事由に該当するか
②　解除事由に該当しても、解除権が制限される場合に該らないか
③　損害賠償額をどう算定するか

　上記3つのうち③の損害賠償については、すでに86頁以降で述べた。よって、以下、残る2つの問題について、各々検討する。

(A) 解除事由に該当するかどうか

上記《記載例26》の1項には「本契約の遂行が困難と判断される客観的事由が生じたとき」とあるが、債権者側が「本契約の遂行はもはや困難」と判断しても、債務者側は「まだ困難ではない。解除事由は存在しない」として、解除事由の存否について争うケースが多々見られる。

また、上記《記載例26》の1項の「契約違反」にしても、債権者側が、製品の仕様が債権者の指定内容と異なるとし、契約違反を理由に解除しようとしたところ、債務者側は「債権者の指定どおりの仕様である」または「債権者が後日指定を一方的に変えたのものであり、契約違反はない」として、争いになることもある。

では、上記のような争いを避けるためにはどうしたらよいか？　契約書で何か有効な手立てはあるか？

これは極めて難しい問題である。

そもそも、解除する（またはされる）ことを前提に契約を締結することは通常想定されておらず、また、これからビジネスを始めようと契約を締結する際に、解除事由についてあれこれと交渉するのは今後の取引関係に水を差すようで躊躇を感じるという事情もあり、契約締結時には解除事由について深く検討しない傾向がある。よって、契約書には汎用的・一般的な解除規定が設けられるにとどまり、実際のトラブルの際はどうしても解釈の幅が生まれる。

また「想定外」の事態が起こったため解除するようなケースでは、そもそも契約時に想定できなかった事態であるから、契約書に具体的に記載しようにも記載する術がない。

しかし、一方で、担当者の打ち合わせメモには、「○○の点は重要なため、特に相手方に契約内容の厳守を確認すること」等の文言があるにもかかわらず、その事実が何ら契約に反映されていないようなケースもある。このよう

な場合、下記《記載例27》でいえば、下線部分を付加することを検討すべきであろう。

　契約締結の担当者としては、「この点については契約の際に相手方に念押ししたのですが……（契約書には記載しなかった）」といった事態が生じないようにしたい。

《記載例27》　解除事由の具体化条項

　甲又は乙は、相手方が本契約に違反している事実が判明したとき又は本契約の遂行が困難と判断される客観的事由が生じたときは、文書にてその是正を求め、当該文書通知後2週間以内に相手方がその是正を行わないときは、自己の債務の履行を提供しないで即時に本契約を解除し、併せて損害賠償を請求できるものとする。<u>ただし、○○違反に関する場合は、本契約の重大な違反とみなし、甲又は乙は相手方に文書にて通知することなく直ちに本契約を解除することができ、その際の損害賠償はXXX円以上とする。</u>

　《記載例27》においては、前半部分で2週間の猶予期間を違反当事者に与えているが、○○違反の場合には猶予期間を原則として与えていない。これは、○○違反は重大な違反であるため、違反を被った当事者側は早く関係を清算したいと考える場合を想定して設けた規定である。もっとも"直ちに解除できる"とあり、"解除する"とはしていない。つまり、権利として無催告解除を認めているものの、解除権者が違反当事者に対し、猶予期間を与えることを禁止してはいない。

　ビジネスにおいて2週間という期間は決して短い期間ではない。たとえば、「今すぐ解除できれば、別の取引先である丙と契約ができるのに……」といった場合もある。契約締結時や甲乙間の取引がうまくいっていたときには気にもとめなかった「2週間」という期間が、非常に意味をもってくるのが、

実際の解除の場面である。

　また、相手方役員との深い信頼関係に基づき取引契約を締結したものの、相手方がライバル企業の買収のターゲットとなり役員の入替えが行われたというような場合、役員の入替えは通常、契約違反に該当しないため、実質的にはライバル企業と業務提携を続けなければならないような事態も生じ得る。

　そのような場合に備えて、45頁で既述のとおり、チェンジ・オブ・コントロール条項（支配条項、資本拘束条項等と呼ばれる）を設けることとなる。

《記載例28》　チェンジ・オブ・コントロール条項(1)

> 　甲に、その主要株主の異動や経営陣の交替、合併・会社分割・事業譲渡などの組織再編、その他会社の支配に重要な変更があった場合、乙は本契約を解除する権利を有する。

　このように、本来イレギュラーな事態である「解除」を契約締結時に具体的に検討することには難しい点があるものの、"当該取引において何が重要か、リスク・ファクターは何か"を検討することで、より具体的な解除条項を規定することが可能になる。

　また、甲乙間で複数の契約（A契約とB契約）が存在し、それらが密接に関連するような場合に、甲が乙の違約を理由にA契約を解除し、それに伴いB契約も解除しようとしたところ、乙が「A契約とB契約とは別契約であり、A契約につき違約があったとしても、B契約記載の解除事由には該当しない」として、B契約の解除について争ってくる場合がある。

　この点、リゾートマンションの売買契約と同時にスポーツクラブ会員権契約が締結された場合に、スポーツクラブ契約における屋内プールの完成の遅延を理由として買主がマンションの契約も解除できるかが争われた事案では、裁判所は以下の理由で買主からの解除を認めた。

【2つの契約のうちの1つの契約の不履行を理由に、もう1つの契約を解除できるとした事例】

> 最三小判平成8・11・12判夕925号171頁
> 　同一当事者間の債権債務関係がその形式は甲契約および乙契約といった2個以上の契約から成る場合であっても、それらの目的とするところが相互に密接に関連づけられていて、社会通念上、甲契約または乙契約のいずれかが履行されるだけでは契約を締結した目的が全体としては達成されないと認められる場合には、甲契約上の債務の不履行を理由に、その債権者が法定解除権の行使として甲契約とあわせて乙契約をも解除することができるものと解するのが相当である。

　この裁判は、第1審は買主の請求を認容したものの、控訴審では棄却、そして最高裁判所では控訴審を破棄して、第1審を正当とするという経過をたどった。買主が解除通知を出してから最高裁判所の判決までは、3年の期間を要している。契約書に《記載例29》のような記載を設けていれば、裁判に至らずとも解決できたかもしれない事案である。

《記載例29》　複数契約が存在する場合の解除条項

> 　甲及び乙は、本契約に関連して甲乙間で締結された〇月〇日付のB契約が、本契約と密接に結びついており、本契約又はB契約のいずれかが履行されるだけでは契約を締結した目的が全体としては達成されないことを確認し、本契約又はB契約のどちらか一方につき違約により解除された場合は、同時に他方の契約が解除されることに合意する。ただし、解除する側の当事者が契約の解除をする際、他方の契約を解除しない旨を書面で通知した場合にはこの限りではない。

解除が問題になるような場面では、当事者の関係が悪化しており、話合いでの解決が難しいケースが多い。それゆえ、解除条項については事前に慎重に検討し、とおりいっぺんの解除条項ではなく、具体的リスクに直接対応できるような、"いざというときに助けになる"規定を設ける必要がある。

　　(B)　解除が制限される場合

　　　(a)　倒産解除特約

　以下はいわゆる「倒産解除条項」といわれる条項で、強度の信用不安等が生じた場合、相手方に無催告解除権を認める規定である。

《記載例30》　倒産解除条項

　一方当事者が、下記の事由に該当する際、相手方当事者はなんら催告することなく本契約を解除することができる。
(1)　仮差押え、仮処分、強制執行、競売の申立て若しくは破産、民事再生、会社更生開始の申立てがあったとき、又は清算に入ったとき
(2)　租税公課を滞納して督促を受けたとき、又は保全差押えを受けたとき
(3)　支払いを停止したとき
(4)　手形交換所の取引停止処分を受け、又は不渡手形を生じたとき
(5)　監督官庁より営業停止処分を受けたとき

　しかし、実際に一方当事者が法的倒産手続に入ったことを理由として、相手方当事者が倒産解除特約により解除しようとしても、倒産処理における債権者の平等や管財人等の双務未履行債務の選択権（破産法53条1項、民事再生法49条1項、会社更生法61条1項）を確保する趣旨から、倒産解除特約の有効性が否定され、解除が認められないことがある。

　たとえば、以下のケースは、「**倒産手続においては債権者平等の考えの下、管財人に取引を継続するか否か等の判断が任せられているのであるから、倒**

産法の趣旨を害するような一方当事者による解除は認められない」との趣旨により、倒産解除特約による解除権行使が否定されている。

〔事例2〕

> 売主が破産し、破産管財人が買主に売買代金の支払いを請求したところ、買主が倒産解除特約による解除を主張して支払いを拒んだケース（すでに破産会社が引渡しを終えた商品について、買主側が売買契約を遡って失効させるという意味での解除を行った事例）。

判例（東京地判平成10・12・8判タ1011号284頁）は、〔事例2〕の場合の解除特約につき、買主は倒産解除特約に基づく契約の解除を破産管財人に主張することはできないとし、以下を理由としている。

【〔事例2〕で倒産解除特約の契約解除をできない理由】

> **東京地判平成10・12・8判タ1011号248頁**
> 倒産解除特約につき、「売手が倒産し、その結果買手の手元にある商品が値崩れを起こした、あるいは転売先から返品されてきたという場合を想定し、これによって買手に生ずる経済的損失を、売手の責任により被告にもたらされた損害と捉えた上で、買手の賠償請求権と売手の代金請求権とを相殺し、もって、売手の代金債権という財産を引き当てに、買手の損害賠償請求権を担保しようとしたもの」とし、「このような特約が認められると、債権者間の平等をはかるために破産法で禁止されている相殺を実質認めるようなこととなり、会社の他の債権者に比べて、当該買手が有利となること」また、「本件解除特約は、双務契約である売買契約を買手側の判断で一方的に解除し得るという内容の特約であるから、売手と買手の双方が債務を履行していない段階を想定すると、その判断により契約の維持か解除かを選択し得る破産管財人の解除権（破産法第59条）と抵触し、右権限を無意味にする」

このように、解除特約を規定していても、実際の倒産手続等においてはその行使が制限される場合がある。

したがって、実際には常に取引先の信用状況をチェックし、取引量の調整、支払いサイトの短縮（もしくは現金払い）等でリスクヘッジを図るとともに、信用不安以外の解除事由がある場合は当該解除事由による解除も検討するなどの対策が必要となる。

(b) 継続的契約

企業間の取引基本契約には往々にして、第１条に以下のような文言が規定されていることがある。

甲は乙に対し継続的に売り渡し、乙はこれを買い受ける。

そして、一方で、解除条項として以下のような規定が設けられている。

乙において、次の各号の１に定める事由が生じたときは、甲は、何らの催告なしに、または自己の債務の履行を提供しないでこの基本契約の全部又は一部を解除することができる。

上記のように契約の解除条項には何ら制限が加えられていないが、甲乙間の取引が「継続的に売り渡し、買い受ける」という関係の場合（継続的契約）、判例上、解除条項による解除が認められず、解除権を行使するにあたって「やむを得ない事由」が要求されることが多い。

たとえば、Ａ社とＢ社が取引基本契約を結び、Ｂ社はＡ社からの継続的発注を期待して設備投資・人員投資を行った。ところが、"商品の納期が数日遅れたことを理由にＡ社からＢ社が契約を解除された"という事案の場

合、契約上は解除事由に該当するものの、裁判においては解除が認められない可能性がある。判例上、継続的な取引の場合、単なる債務不履行では解除を由とせず、B社が取引の継続を期待し投資をしていることに鑑みて、その期待を失ってもかまわないだけの事情、解除されてもやむを得ない事情を必要とするものが多い。

実際には、期間の定めのない専属的下請契約において、発注者からなされた取引停止通告がやむを得ない事由によらないものとして、6か月分の逸失利益の損害賠償が命ぜられた事例(東京地判昭和57・10・19判時1076号72頁)や、継続的製作物供給契約における注文者からの一方的発注の打ち切りについてやむを得ない事由があり、注文者から代替措置の申し出があったことを理由に、損害賠償請求を棄却した事例(東京地判昭和62・8・28判時1274号98頁)などがある。

なお、取引契約が「継続的」契約かどうか自体が争いになる場合もある。当該取引が継続的かどうかによって、上記のように解除に必要な要件が変わり得るため(やむを得ない事由を必要とするか否か)、継続的契約か否かの線引きは重要である。そして、継続的に取引を行うことを明示する内容の契約文言(契約期間や契約の目的に明示される)がなくとも、取引の実体(取引条件、数量、価格等)により「継続的取引契約」の成立が認定されることになるので注意を要する。

(C) 無催告解除

ビジネス契約の解除条項では、しばしば「○○の事由が生じた場合は、甲は何ら催告をすることなく解除することができる」という文言が設けられる。民法では、催告なくして解除できる場合としては「履行不能」の場合のみが規定されているが、強行規定ではないため、ビジネス契約においては、履行不能の場合以外も、催告なくして解除する旨を定めることは可能である。

もっとも、無催告解除は、解除したい側にとっては早期に処理ができるた

めに極めて便利だが、解除される側にとっては、酷な場合もある。そもそも民法が、履行不能の場合以外には事前に催告する旨を定めたのは、"あらかじめ履行を拒絶した債務者も、催告によって意思をひるがえし、履行することが皆無ではないから、催告をすることが債権・債務関係の正常のコースとして望まれる"という理由であるため、軽微な違約を理由に、催告することなく直ちに解除しても、裁判上では有効な解除と認められないリスクがある。

判例の中には、無催告解除特約があっても、当該特約に基づく解除が信義則違反にあたるような場合は、解除を無効としているものがある。また、「賃料の延滞1回でも催告を要せず賃貸借を解除できる旨の契約条項は、これを正当化する特別の事情がない限り、当事者間の公正を害すること甚しく無効と解すべきである」として、無催告解除特約自体を無効とする事例もある（東京地判昭和39・9・12判タ169号191頁、判時404号91頁）。

(D) 同時履行の抗弁権との関係

同時履行の抗弁権とは、たとえば代金支払いと物の引渡しが同時に行われる契約の場合、代金の支払いまでは、売主は物の引渡しを拒むことができるとする権利（つまり、相手方の債務が同時に履行されるまでは、自分の債務の履行を拒むことができる）である。双務契約の履行における公平の原則に基づいている。

したがって、上記の場合、物の引渡日が5月1日と定められていても、同時に行われるべき相手方からの代金の支払いがないのであれば、5月1日に引き渡さずとも、売主は履行遅滞の責任を負わない。

なお、上記のケースで売主が、代金の支払いがないことを理由に解除する場合、売主自身は買主から求められればすぐに目的物を引き渡せる準備をしておかなければならない。そのようにしないと、今度は、買主側が同時履行の抗弁権を有することになり、買主が代金を支払わないことを違法・違約として、売主から解除権を行使することができなくなるためである。

なお、無催告解除の特約のある場合も、同時履行の抗弁権がある場合は、履行の提供をなくしては、解除することはできないので注意を要する。判例は、解除権発生時の催告の問題と、同時履行の抗弁権の問題を明確に区別している（最一小判昭和36・6・22判時266号22頁、最三小判昭和42・5・23金判69号15頁）。

　この点、同時履行の抗弁権をあらかじめ放棄する旨の特約を結ぶことも可能である。以下の下線部分がその例である。

《記載例31》　同時履行の抗弁権を放棄する特約条項

> 甲は、第〇条に基づき解除する場合、何らの催告なしに、または<u>自己の債務の履行を提供しないで</u>この基本契約の全部又は一部を解除することができる。

(ウ)　譲渡禁止

　物が売買により譲渡できるように、契約上の債権・債務およびそれら債権・債務を一体とした契約上の地位も譲渡可能である。

　民法では、債権の譲渡について、譲渡は、譲渡人と譲受人との間の合意のみで効力を生じるとしている。ただし、譲渡の効力を債務者や第三者に主張するためには、債務者への通知や債務者による承諾を必要とする（民法467条。第三者へ主張するためには、確定日付のある証書で債務者へ通知または債務者が承諾することが必要）。

　契約の地位の譲渡については、民法そのものに規定はないが、債権譲渡と同様の構成、すなわち、譲渡人と譲受人との間の合意で効力が生じるが、相手方に地位の譲渡を主張するためには、相手方の承諾が必要、といった処理がなされている。

　もっとも、ビジネス契約においては、事前に相手方の承諾なくして、債権債務および契約上の地位の譲渡をしてはならないと規定し、譲渡の実行自体

を債務者もしくは相手方の「承諾」にかからしめることが一般的である。信用のおけない者に契約が譲渡されるリスクを低減するためである。

たとえば、譲渡人と譲受人との間の合意が成立し、それに伴った物の引渡し等が行われた後で、債務者もしくは契約の相手方が「不承諾」としても、すでに移転してしまった物の取戻しリスク等があり、取引に悪影響を与える可能性がある。よって、「事前に」承諾した場合に譲渡を限定するのが通常である。

具体的には以下のような文言が「譲渡禁止特約」として記載される。

《記載例32》 譲渡禁止条項

> 本契約当事者は、本契約に基づく権利の全部又は一部を第三者に譲渡してはならない。但し、事前に相手方当事者による事前の書面による承諾がある場合を除く。

ただし、このように譲渡禁止を明示していても、承諾をしないことが明らかに相手方に不利にあたる場合で、承諾をしないことが単にいやがらせ等を理由にするものである場合、当該不承諾は、権利濫用または信義則違反で許されない、と裁判上、判断される場合もあるので注意を要する。

また、契約中に契約上の地位等の譲渡を禁止する特約が含まれていても、契約当事者につき民事再生手続が開始され、その手続中に営業譲渡（当時）をしたことが、民事再生法の趣旨に照らし、この特約違反にあたらないとされた事例もある（東京地判平成15・12・5金法1711号43頁）。

(エ) チェンジ・オブ・コントロール条項（支配権移動条項）

チェンジ・オブ・コントロール条項とは、契約当事者の資本関係や経営陣の構成等が大きく変化し、支配権が変更されるような場合（チェンジ・オ

ブ・コントロール)、契約を終了する、または契約内容を変更する(期限の利益が消滅し、弁済期が到来する等)こと等を定める条項である。

たとえば、取引の相手方が、自社のライバル会社に吸収合併されたような場合、従前のまま取引しなければならないとすると、自社の秘密がライバル会社に漏洩するといった事態も生じうる。ライセンス契約などは特にそのリスクが明白である。また、支配権の変更により相手方の信用力が低下する場合もある。

そのようなリスクを避けるために設けられるのが、チェンジ・オブ・コントロール条項である。また、チェンジ・オブ・コントロール条項は、敵対的買収を防止する目的で設定されることもある(ただし、そのような場合、経営陣の保身の目的で使われていないか等の問題はある)。

《記載例33》 チェンジ・オブ・コントロール条項(2)

> 本契約の当事者は、相手方の主要株主の変動、経営陣の退陣、相手方が被支配会社となる第三者との間の組織変更契約の締結、その他相手方の支配権が変更されたと認められる場合、本契約を解除することができる。

(オ) 秘密保持条項

ひとたび契約を締結し、取引関係に入ると、相手方当事者に自社のさまざまな情報を開示することになる。それに伴う情報漏洩のリスクを軽減するため設けられるのが、秘密保持条項である。もっとも、秘密保持条項がなければ、秘密を第三者に開示することが無制限に可能になるものではなく、秘密保持契約がなくても、契約関係に入った当事者間には信義則上、秘密保持義務が認められよう。

秘密保持義務は以下のように規定される例が多く見られる(なお、秘密保持契約については150頁の記述も参照のこと)。

《記載例34》 秘密保持条項

1　本契約において秘密情報とは、本件実施のために、書面、口頭又はその他の伝達媒体により、秘密であることを明示して両当事者間で開示される情報を総称していう。なお、秘密情報の開示当事者を情報開示者、秘密情報の受領当事者を情報受領者という。
2　前項の規定にかかわらず、次のいずれかに該当することを情報受領者が証明することができる情報は、秘密情報に含まれない。
　(1)　開示の際に既に公知であった情報及び開示後情報受領者の責に帰すべき事由によらずに公知となった情報
　(2)　情報受領者が開示の際に既に適法に有していた情報
　(3)　情報受領者が、第三者から適法に取得した情報（但し、当該第三者及び情報受領者が各々情報開示者に対し秘密保持の義務を負っていない情報に限る）。
　(4)　情報受領者が秘密情報を使用することなく独自に開発した情報

　上記の文言はあくまでひな形であり、事案に応じた秘密保持の定義およびその取扱いを定める必要がある。また、上記の例は、何が秘密情報であるかを明確にするため、「秘密であることを明示して開示される情報」としているが、「相手方から開示された情報」とのみ定義する例も多い。
　たとえば、秘密情報につき、以下のように定義する例である。

《記載例35》 秘密情報の定義条項

　本契約でいう情報とは、本件を検討する目的で、文書、電子メール、口頭、電子記憶媒体およびその他物品を問わず、一方当事者（以下、「情報提供当事者」という。）（それぞれの代理人を含む。）より他の当事者（以下、「情報受領当事者」という。）に対し開示された情報並びにこれに基づき検討された事実をいう。

この点、「相手方から開示された情報」という定義で、すべての情報がカバーできるように思いがちであるが、誤りである。たとえば、「仕入価格」がその1例である。「仕入価格とは、相手方から示されたものではなく、双方の合意で成立し、双方が保有するものになったもの」という判例があり（東京高判平成16・9・29裁判所HP）この場合、メーカー側が小売業に仕入価格を秘匿してほしいと思っても、仕入価格情報は「相手方から開示された情報」にあたらず、秘密保持契約の対象とならないことになる。よって、仕入価格を第三者に開示されたくない場合、「仕入価格は秘密情報とする」と明確に定義する必要がある。

　このように、秘密保持条項を設ける場合、どのような情報の開示を防ぎたいかを具体的に検討し、明記できるものは明記し、それ以外について、「相手方から開示された情報」等の定義でカバーすることにすることが有用であろう。

　上記の「秘密の定義」の他、秘密保持条項に関してよく問題になるのが、秘密保持の期間である。「秘密保持期間は何年にすべきだろうか」という質問をよく受けるが、これはその情報の性質による。極めて情報の価値が高く、何年にもわたってその価値が毀損されないものであれば、秘密保持期間は、「取引関係終了後も7年間」というように長く設定すべきであるし、情報の価値がそれほど高くなく、また短期で新しい情報におき換わるのであれば、1、2年程度でカバーすることも可能である。

　なお、実務上、取引契約に秘密保持条項を記載し、かつ別途、秘密保持契約書を作成している例がよく見られる。このこと自体には全く問題ないが、同一の取引関係に適用される秘密保持の内容に齟齬が生じないよう（たとえば取引契約では秘密保持期間を2年としているのに、秘密保持契約では3年となっている、等）、内容を統一する、もしくは齟齬がある場合はどちらが優先するか明確に規定するといった対応が必要になる。

(カ) 競業避止条項

《記載例36》 競業避止条項

> 乙は本契約終了後も2年間は、甲から本契約に基づきノウハウの提供を受けた事業と同一、類似または競業する事業を行ってはならない。本条項に違反した場合は、本契約○条に定めるロイヤリティの○か月分を損害賠償金とみなす。

　フランチャイズ契約など、長期間の取引を予定し、一方から他方に対して営業秘密やノウハウ等が提供される契約書においては、必ずといっていいほど競業避止に関する規定がある。ノウハウ等の伝達を受けた側が、取得後すぐに契約を解除し、当該ノウハウを利用して独立開業する、または他社と業務提携するといった事態を防ぐためである。

　この点、従業員の退職後における競業禁止については、その有効性につき裁判上厳しく判断される傾向にあることは第1章（14頁参照）でも記載したとおりである。「競業禁止契約が時間的、場所的に無限定であっても、契約締結の動機その他に照らし、公序良俗に反しない」とされた判例もあるが（名古屋地判昭和54・2・9判タ392号162頁）、やや特殊な事例である。やはり、競業禁止の定めが当該契約の性質等に照らして不当に過大な制約になっていないか十分に留意する必要がある。

　また、10年間の競業禁止の定めを合理的理由があるとして有効としながら、競業禁止に違反した場合の約定違約金がロイヤリティの50倍超とする条項につき、相当範囲を超えた部分は公序良俗に反し無効とした判例もある（東京地判平成11・9・30判時1724号65頁）。

(3) 定型条項

　多くのビジネス契約書において、ほぼ同じ文言で記載される条項を、以下

「定型条項」と定義し、そのうちのいくつかを紹介する。

定型条項といっても、誠実交渉条項のように実効性に疑問のあるものから、管轄条項のように注意が必要なものもある。

ア　不可抗力条項

《記載例37》　不可抗力条項

> 天災地変、戦争、暴動、内乱、テロ、輸送機関・通信回線の事故、その他当事者の責めに帰すことができない不可抗力による本契約の全部又は一部の履行遅滞又は履行不能について、当事者は責任を負わない。

上記にあげた「天災地変、戦争、暴動、内乱、テロ、輸送機関・通信回線の事故」は不可抗力の一例である。

たとえば、近年、中国との取引においてSARS（新型肺炎）を理由とする中国企業側の契約上の義務の履行遅れ等が問題となったことがあった。SARSは確かに当事者がコントロールできることではないが、真にSARSだけが履行遅滞等の理由かどうかは慎重に見極める必要があろう。

なお、判例の中には、バブルの崩壊を「不可抗力の事態」とし、ゴルフクラブ会員からの預託金返還請求に対しゴルフ場会社がした据置期間延長の決議を有効とした事例もある。

イ　誠実交渉義務

《記載例38》　誠実交渉条項

> 本契約の解釈又は履行について疑義が生じた場合、甲及び乙は、信義誠実の原則に従い、協議の上、円満に解決を図るものとする。

ほぼすべての契約書に規定されているといってもいいほど、一般的な文言である。ただ、実際には努力目標的な意味合いが強く、本条項の存在により紛争の解決に至るといった効果はほとんど期待できない。

もっとも、本条項も「法的義務」とする以上（ただし法的義務であること自体が裁判で争われる場合もある）、その違反と因果関係のある損害については、債務不履行による損害賠償責任が認められる可能性もある。

合併白紙をめぐり大手銀行同士が争った著名な事案では、独占交渉義務違反とともに誠実交渉義務も問題となった。東京地方裁判所の判決（東京地判平成18・2・13判時1928号3頁）（控訴審で和解）は「原告は、上記債務不履行（独占交渉義務違反と誠実交渉義務違反）と相当因果関係のない損害についてのみ主張し、それ以外の損害について、何ら主張立証もしていないから、被告らに独占交渉義務違反及び誠実交渉義務違反の債務不履行に基づく損害賠償責任を求めることはできない」と示し、相当因果関係のある損害であれば認められる可能性を示唆したともいえる。

なお、独占交渉義務違反のケースでは、下記のように具体的な損害賠償額の予定を定める例もある。

《記載例39》 独占交渉義務条項

> 平成19年4月6日から同10月6日の期間において、乙は甲とのみ本件及び本件と同様の効果のある案件について協議し、甲以外の他の第三者と一切の交渉を行わないものとする。乙が本条の義務に違反した場合、金3000万円を甲の損害とみなし、乙は支払義務を負う。

ウ　準拠法および裁判管轄

《記載例40》　裁判管轄条項

1　本契約は日本法を準拠法として、日本法に従って解釈される。
2　本契約に関する一切の紛争は、その訴額に応じて、東京簡易裁判所又は東京地方裁判所の第一審専属管轄に服する。

　準拠法および裁判管轄に関する規定も、ビジネス契約ではごく一般的に見られる。この条項は、実際に裁判が起こった場合には非常に重要になる。
　特に、裁判管轄、そのうちの土地管轄が重要である。土地管轄とは、日本全国にある裁判所のうちどこの裁判所に訴えを提起するかということである。民事訴訟法上、土地管轄は基本的には被告の所在地とされる。したがって、契約で別の定めがない限り、東京の会社が沖縄の会社を訴える場合、管轄は沖縄（那覇地方裁判所もしくは那覇簡易裁判所）となる。
　東京の会社にとっては、沖縄での裁判は交通費、弁護士費用（交通費の他、日当など）等で経済的負担が大きい。このような事態を避けるため、多くの契約書では、民事訴訟法の定めに制限されず、それに優先するものとして、自らの本店所在地を管轄裁判所とする旨の文言を設ける例が多い。

(4)　その他注意すべき条項

ア　自動更新条項

《記載例41》　自動更新条項

　本契約は平成20年1月1日（以下、「有効期限」という。）まで効力を有する。ただし、有効期限の6か月前までにいずれの当事者からも解約の意思表示がな

> い場合、同じ条件で更に1年間、更新されるものとし、その後も同様に更新されるものとする。

　自動更新条項とは、確たる契約期間が決まっていない場合や、比較的長期の契約が予定されているような場合に設定される条項である。解約の意思表示をしない限り、自動的に契約が継続されてしまうため、更新の時期について失念しないように注意が必要である。

イ　分離可能性

《記載例42》　分離可能条項

> 　本契約の条項のいずれかが管轄権を有する裁判所によって違法又は無効であると判断された場合であっても、当該条項以外の本契約の効力は影響を受けない。

　一部の契約が無効となった場合、当該条項があったから、別条項の条件を承諾したのだから無効だ、というように契約全体の効力が争われる可能性がある。そのような主張を防止するための条項が分離可能条項である。英文契約で一般的な条項であったが、最近では日本のビジネス契約でも記載されているケースを多く見かける。

ウ　完全条項

《記載例43》　完全条項

> 　本契約は、本契約に先立つ本件に関する当事者の一切の議論、合意、約束及び契約に代わるものである。本契約の規定は、甲及び乙が署名した書面によってのみ変更されるものとする。

口頭の合意の効果を否定し、契約「書」のみを完全な合意条項とするものである。分離条項と同様に、英文契約では一般的に認められるが、日本のビジネス契約でも最近よく見かけるようになった。

日本の裁判においては、「契約書ではこのような記載があるが、本来の合意内容は、契約交渉過程の議事録に記載されている内容である」「契約とは異なる特約が別にあった」等の主張がなされ、立証できればその主張が認められることがある。完全条項はそのような契約書外の主張を認めないものである。

エ　公租公課の定め

《記載例44》　公租公課条項

> 本取引に対して賦課される公租公課は、実行日の前日までの分を売主が、実行日以降の分を買主がそれぞれ負担する。本条の公租公課とは、下記のとおりとする。
> ・〇〇〇〇
> ・▲▲▲▲
> ・□□□□

公租公課については、一般的には「公租公課については、実行日の前日までの分を売主が、実行日以降の分を買主に」というように定め、具体的に公租公課の内容を規定しない例が多い（なお、課税は当事者の合意に関係なく法定要件を満たす者に課せられるので、課税額が確定後、当事者間で約定に基づき按分負担する取扱いが一般的である）。

土地の売買契約に引渡し以降の公租公課は買主の負担とする約定がある場合、上記公租公課に特別土地保有税が含まれるか否かが争われた裁判で、裁判所は「特別土地保有税も地方税であり、公租公課に含まれるようにもみえ

る」としながら、以下の理由で、買主の負担を否定した。

　少々長くなるが、契約書の文言が一義的ではない場合に、裁判所がどのように契約内容を「合理的に解釈」するかについての参考になるので、以下、判決の理由を一部要約して引用する。

【買主が負担する公租公課に、特別土地保有税を含ませるべきではないとした事例】

> **京都地判平成6・11・14判時1553号109頁**
> ① 不動産売買契約書において「公租公課」と表現されているからといって、当然にこれに特別土地保有税が含まれるという慣行ないし認識が一般に存在するものと認めることはできないこと
> ② 特別土地保有税は土地の投機的取得を抑制し、あわせて土地の供給の促進を図ることにより、有効な利用、地価の安定を図るという政策目的をもって特別に導入されたものであり、固定資産税と性格を異にすること
> ③ 課税されるかどうかは1月1日時点における当該土地の所有者か当該土地をどのように利用しているかにかかっているところ、年度途中において当該土地を譲り受けた者が非課税の用途として利用することを予定する者である場合、売主がたまたま1月1日において当該土地を有効に利用していないことを理由として特別土地保有税の分担を求められるのは、買主にとって酷であり、かつ、不意打ちの可能性もあること
> ④ 特別土地保有税が前記②記載の政策目的を有している税制度であることを考えると、固定資産税に加えて特別土地保有税の保有分を課される納税義務者は、1月1日の段階で土地の有効利用を行っていない者が対象となるべきであり、これを有効な土地利用を行うことを予定している買主に対し分担させることは、特別土地保有税の政策目的を減殺することとなること
> ⑤ さらに、有効な土地利用を行わずに土地を購入する者に対しては、取得分の特別土地保有税が課税されることが予定されており、この点からも、

> 特別土地保有税の保有分について買主に負担させる合理的理由は存しないこと

　上記の判例からは、「公租公課」と記載していればとりあえずすべての税金が該当するから大丈夫などと安易に考えず、実際の取引にあわせて具体的な文言をもって契約書に記載する必要があるという教訓が導かれよう。

3　契約書で注意すべき言い回しの例等

(1)　「……等」

　契約書において、明確性を重視するのであれば、「……等」という言葉を使うべきではないだろう。どこまでが「……等」に含まれるのか、解釈の余地が生まれるからである。
　もっとも、「等」を一切使わず、すべて限定的に定義してしまうと、対応しきれない事態も生じ得る。
　たとえば、①「甲は、必要に応じて、乙に機械・金型・工具・治具・測定器・図面・仕様書・見本等（以下、機械から見本品等までを総称して「貸与品」という）を貸与することができる」と規定されているのと、②「甲は、必要に応じて、乙に機械・金型・工具・治具・測定器・図面・仕様書・見本を貸与することができる」、というのは「等」があるかないかだけの違いではあるが、カバーする範囲が異なる。②では貸与品は8品に限定されるが、①ではそれに限定されない。
　具体的に例示して内容を明確にすることも必要であるが、すべてを記述的に記載するのは不可能であり、かつリスクもある。したがって、適度に「等」という言葉を用いて、不当に自らの権利・義務（特に権利）が限定的にならないよう、また、規定もれが生じないよう配慮すべきであろう。

(2) 「……を含むがそれらに限られない」「その限りでない」

上記の「等」をより注意深く表現する方法が、「……を含むがそれらに限られない」という言い回しである。英文契約においては、「included, but not limited to」というように表現される。

上記(1)の例でいえば、「機械・金型・工具・治具・測定器・図面・仕様書・見本」を含むが、それに限定されるものではなく、「ほかの類似のものも含む」という表現になる。注意すべき点は、(1)の「等」と同様である。

(3) 「協議により定める」「協議する」

「……については協議により定める」といった表現が多用されている契約書がある。この場合、気をつけなければいけないのは、協議することだけ合意されており、その他には何も決まっていないということである。つまり、協議が物別れに終わってしまうと、結局、当該事項については決まらないままになってしまう。

したがって、「協議により定める」という文言は安易に用いないよう注意が必要である。「協議により定める」事項は、協議により合意に至ることが明確な事項や、合意に至らなくとも特に不利益が生じない事項に限定し、必要事項はできる限り契約書に明記すべきである。

(4) 「事前に通知し」

まず、「通知」とは「告げ知らせる」ことをいい、必ずしも書面による必要はない。事前の通知が口頭でなされることもある。

もっとも、契約において事前通知とは、「事前に通知の上、解除することができる」「事前に通知がない限り、契約期間は更に1年延長される」というように、重要事項の前提条件となっていることが多い。したがって、可能な限り明確であること、また後に通知の有無が問題にならないよう証拠化さ

れていることが望ましい。

よって、かかる重要な前提条件の場合の通知は、証拠の残る書面の通知によるべきであろう。

なお、通知とは相手方に到達して初めて効力を有するものであるから（民法97条）、書面による場合は、期限までに相手方に通知書が到達するよう注意を要する。

(5) 「直ちに」「速やかに」「遅滞なく」

「……が生じた際には、直ちに相手方に通知する」「○○違反の際は速やかに一切の損害を相手方に賠償する」という規定がよく見受けられるが、何をもって「直ちに」「速やかに」というかについては評価が分かれる場合がある。「遅滞なく」についても同様である。

一般的な用法としては、「直ちに」「速やかに」「遅滞なく」の順に、即時性があるとされているが、明確な定義はない。

したがって、「直ちに」「速やかに」「遅滞なく」といった文言を使う際には、「直ちに、少なくとも同一営業日内に」「速やかに、少なくとも3営業日以内に」というように、明確に規定する必要がないか検討する必要がある。

(6) 「……とみなす」

「みなす」とは、事実のいかんにかかわらず、ある条件が成就することにより法律上の効果が生じることをいう。「推定」と異なり、反証が許されない。反証が許されないとは、つまり、いったんAという事態が生じるとBという効果が自動的に生じてしまい、Bにならない事情があるという、反対の主張ができないということである。

契約書において、みなすという表現はたとえば以下のように用いられる。

「重大な契約違反の場合には、甲は乙に何ら催告することなく本契約を直ちに解除することができる。下記に列挙する事項は重大な契約違反とみな

す」。

　上記の場合、列挙事項が重大な契約違反とみなされることで、過度な不利益が生じないか、よく検討する必要がある。

　たとえば、相手方が準備した契約書が「契約文言の1つにでも違反した場合、重大な契約違反とみなす」といった構成であれば、みなし規定は重要な規定のみに適用されるよう交渉することが必要な場合があろう。

(7)　「甲は本商品を売り渡し、乙はこれを買い受ける」

　一般的な言葉の用方であれば、「甲が商品を売った」だけで、「乙が買った」とまで記載しなくてもよい。しかし、契約書上は、上記のように記載する例が多い。"両当事者"の"意思の合致"であることを明確に表現するためであろう。たとえば、「甲が乙に本サービスを委託した」だけでは、甲の一方的意思だけがわかり、乙がはたして甲の依頼を受けたのかどうかが表現されていない。したがって、上記に続いて、「乙はこれを受託した」と記載されることとなる。

(8)　「……することができる」「……しなければならない」「……するものとする」

　日本語の特徴であるが、文末の表現によって意味が大きく変わる。
（例）
解除することができる ──→ 解除できるが、しないこともできる。
解除しなければならない ──→ 解除することが義務である。
解除するものとする ────→ 解除することが義務である。

　「……するものとする」は「……しなければならない」よりはややニュアンスが弱まるものの、「解除しなければならない」と同様、解除することが「義務」であることを意味するので、注意すること。

(9)「責めに帰す事由により」

「責め」とは「非難」という意味でなく、帰責性がある、「責任がある」という意味である。

(10)「乃至（ないし）」

ないしは、たとえば、10条、11条、12条のすべてを指す場合に、「10条乃至12条」として用いる。「10条から12条」と言い換えることもできる。

契約書上は、上記の使われ方が一般化しているが、「乃至」は一般用語としては「または（OR）」の意味ももつため、誤用に注意したい。

(11)「重大な違反」「重大な瑕疵」

「本契約の重大な事項について違反があった場合」などの文言における、「重大な」がどのような意味をもつのかについても検討が必要である。

たとえば「重大な瑕疵」といっても何をもって重大と解釈するかについて争いが生じ得るが、判例では"契約の目的を達成することのできない"程度をもって重大な瑕疵と認定するものが多い。

この点、眺望に関する説明を、契約に係る重要事項とし、その説明の不備をもってマンションの売買契約解除を認めた事例等もあり、"重要事項"が個々具体的なケースに応じて判断されていることがわかる。

【売主の説明義務違反を理由に売買契約の解除が認められた事例】

福岡地判平成18・2・2判タ1224号255頁
建築前にマンションを販売する場合においては、購入希望者は現物を見ることができないのであるから、売主は、購入希望者に対し、販売物件に関する重要な事項について可能な限り正確な情報を提供して説明する義務があり、とりわけ、居室からの眺望をセールスポイントとしているマンションにおい

> ては、眺望に関係する情報は重要な事項ということができるから、可能な限り正確な情報を提供して説明する義務があるというべきである。そして、この説明義務が履行されなかった場合に、説明義務が履行されていれば買主において契約を締結しなかったであろうと認められるときには、買主は売主の説明義務違反（債務不履行）を理由に当該売買契約を解除することができると解すべきである（下線筆者）

(12) 契約書は丸く読まない

　上記タイトルは、筆者が弁護士になりたての頃に、契約書の読み方のアドバイスとして受けた言葉である。「契約書を丸く読まない」の意味は、床を丸くはかない（隅に埃が残る）と同様、契約書は隅々まで目を通し、ざっと見ただけでわかったつもりにならない、という意味である。

　この言葉を聞いて、筆者が思い出したのは、有名な「ヴェニスの商人」の物語である。

> 「期限までにお金を返さなかったら、自分の体から、シャイロックの希望する部位の肉を1ポンド切り取って与えなければならない」という証文にサインしたアントニオ。果たして、支払いができなかったアントニオに裁判で下された判決は、証文どおり、「シャイロックは1ポンドの肉を、アントニオの心臓のすぐ近くから切り取って自分のものにできる」というものであった。ただし、裁判官はこう続けた。
>
> 「この証文は血を与えるとは書いていない。証文には『肉1ポンド』とあるだけである。もし肉を1ポンド切り取るときに、血を1滴でも流したなら、シャイロックの土地や財産は法律によってヴェニスの国家によって没収されることになる」

　上記のような契約が（少なくとも現代では）法的におよそ公序良俗違反と

して無効となるであろうことは別として、契約の文言の解釈としては非常に興味深い。

　契約書の文言をいかに具体的に書くかについての示唆にも富むし、また、「（当事者ではなく）裁判所の目から見た契約の読み方」という点でも意味深い。アントニオ本人も、実際は、「血はとらない」といった約束をシャイロックとしたつもりはないのである。裁判所（実際は仮装したポーシャ：アントニオの友人の婚約者）が証文からそのような合意を読みとったのであり、確かに証文からはそのように読むことができるのである（もっとも、本当に明確にするのであれば、「肉を与える。ただし、肉のみであり、血は１滴も与えない」と記載することになろう）。

　なお、そもそもアントニオは「まさかシャイロックが本気ではないだろう」と冗談のつもりで証文にサインしたものであるが、安易に契約書にサインしない、という教訓にも富む。

　いずれにしても、契約書を作成する以上、その内容に事実と異なる点があっても、裁判上は、契約書のまま事実が認定される可能性が高いのが現実である。

　契約書作成にあたっては、文言のひとつひとつに細やかな注意を払いたい。相手方（上記ではシャイロック）が準備した契約書にサインするにあたってはなおさらである。

第3章

具体的検討例

---**第3章のポイント**---

☆　実務上、よく用いられる契約のチェックポイントの確認
　1　売買契約
　2　製造委託契約
　3　業務委託契約
　4　金銭消費貸借契約
　5　秘密保持契約
☆　モデル契約
　1　売買基本契約
　2　動産売買契約（現状有姿売買）
　3　製造委託基本取引契約
　4　金銭消費貸借契約
　5　秘密保持契約
　6　解除通知
　7　債権譲渡通知
　8　和解契約
　9　内容証明郵便・公正証書

第3章　具体的検討例

I　各種契約の主なチェックポイント

本章では、実務上よく見られる以下の5つの契約についてのチェックポイントを紹介する。

1　売買契約
2　製造委託契約
3　業務委託契約（労働者性の論点を中心に）
4　金銭消費貸借契約
5　秘密保持契約

1　売買契約

売買契約書の各条項のポイントについては、すでに前掲第2章II以下（55頁以下）で述べたとおりであるが、その主な内容は以下のとおりである。

	【ビジネス条項】
1	目的物は明確に規定されているか。特定できているか。…→第2章II 2(1)エ(ア)（55頁）参照。
2	目的物の引渡場所、引渡方法等は明確か。搬送費に関する定めはあるか。…→第2章II 2(1)エ(イ)（57頁）参照。
3	受入検査は目的物の特性に合っているか。…→第2章II 2(1)エ(ウ)（58頁）参照。
4	代金の支払方法、支払時期は明確か。買主の信用リスクに配慮した設定になっているか。…→第2章II 2(1)エ(エ)（59頁）参照。
5	どの時点で目的物の所有権が移るのか明確か（危険負担との関係）。…→第2章II 2(1)エ(オ)（61頁）参照。

	【リスク管理条項】
6	目的物の瑕疵に関する補償規定は目的物の性質に合致しているか。補償請求の起算点、補償期間、補償内容等について十分検討されているか。…第2章II 2(2)ウ(ア)（65頁）参照。
7	危険負担の移転時期についての定めは適当か。…第2章II 2(2)ウ(イ)（75頁）参照。
8	支払いのリスクをどう担保しているか。物的保証・人的保証が設定されているか。相殺条項が設けてあるか。…第2章II 2(2)エ（79頁）参照。
9	解除事由は取引の性質・特徴に合致しているか。…第2章II 2(2)オ(イ)(A)（93頁）参照。
10	解除権行使の際の、催告の要否や自らの履行提供の要否等について検討したか。…第2章II 2(2)オ(イ)(B)〜(D)（97頁以降）参照。
11	損害賠償額のうち、具体的に規定できるものがあるかどうかを検討したか。…第2章II 2(2)オ(ア)（86頁）参照。
	【定型条項】
12	定型条項に記載漏れはないか。裁判管轄は明確に定められているか。…第2章II 2(3)（107頁）参照。
	【その他全般】
13	重要な事項につき、「協議により定める」としてあいまいにしていないか。記載もれはないか。…第1章II 1(2)イ（21頁）参照。
14	公序良俗違反と解釈されるリスクがないか。一方に極端に不公平な内容となっていないか。…第1章I 3(2)（14頁）参照。

2 製造委託契約

(1) 契約の性質（売買か、請負か）

　製造委託契約は、実務上、頻繁に利用されている契約である。その名称は、「製造委託契約」「製造物供給契約」「委託製造契約」「取引基本契約」「資材取引契約」などさまざまであるが、本書では「製造委託契約」で統一する。

　製造委託契約の法的性質としては、注文に応じて物品を製造し、販売するという特性から、「請負契約」と「売買契約」の混合契約（つまり、両方の契約の性質をあわせもつ）として説明されることが多い。この点、判例の中には、目的物が"代替物"の場合は「売買契約」としての性質が強いとし、"不代替物"の場合は「請負契約」の性質が強いとする傾向があるものの、明確な基準はない。

　上記のような法的性質を問題にするのは、当該契約が「売買か、請負か」によって、瑕疵担保責任の内容等に違いが生じるためである。すなわち、売買契約と請負契約では、民法上、瑕疵担保責任に関して、以下のような差異がある。

① 瑕疵を「隠れた瑕疵」に限定するかどうか（民法570条・634条）
　→売買の場合、隠れた瑕疵に限定される。請負の場合、そのような限定はない。
② 瑕疵担保の補償期間の起算点は、瑕疵の存在に気づいた時点からか、それとも目的物の引渡しの時からか（民法566条・570条・637条）
　→売買の場合、事実を知ったときから起算する。請負の場合、目的物の引渡し時点から。
③ 補償請求の存続期間（民法566条・570条・637条・638条）
　→売買の場合、1年間（ただし、商法適用の場合は、6か月）。請負の場合、目的物の性質によって、1年・5年・10年。

④　補償内容（民法566条・570条・634条・635条）
　→売買の場合、解除と損害賠償。請負の場合、解除、損害賠償に加え、修補請求権あり。

　もっとも、ビジネス契約では、瑕疵担保の内容等を契約書上で具体的に定めることが通例である（民法の瑕疵担保規定は任意規定であるため、当事者間で異なる特約が可能である）。

　そのため、通常は、「売買か請負か」といった契約の性質は問題とならない。逆に言えば、契約書に具体的に規定していない場合に、当該取引に民法における「売買・請負」のいずれが適用されるのかが問題になり得る。

(2)　下請法の適用

ア　親事業者、下請事業者

　製造委託契約の場合、まず、強行法規である下請法の適用対象となる契約かどうかのチェックが必要である。具体的には以下の内容をチェックすることになる。

①　下請法の定める「親事業者」「下請事業者」に該当するか（下請法2条1項～8項）、

②　該当する場合、下請法の定める親事業者の義務や下請事業者の禁止行為に該当する定めがなされていないか（下請法2条の2・3条・4条・4条の2・5条）

　この点、下請法の適用になるかどうかは、「取引内容」と「資本金」によって決まる。対象となる取引内容には、"製造委託・修理委託"と"情報成果物作成委託・役務提供委託"とがあり、資本金の基準は"3億円・1千万円"と"5千万円・1千万円"である。具体的には以下に示すとおりである。

〔取引1〕

ア 製造委託、修理委託
イ 情報成果物作成委託、役務提供委託（プログラム作成、運送、物品の倉庫における保管および情報処理に係るもの）

取引1	親事業者	⇔	下請事業者
資本金	3億円超		3億円以下（個人含む）
資本金	1千万円超3億円以下		1千万円以下（個人含む）

〔取引2〕

情報成果物作成委託、役務提供委託で取引1のもの以外

取引2	親事業者	⇔	下請事業者
資本金	5千万円超		5千万円以下（個人含む）
資本金	1千万円超5千万円以下		1千万円以下（個人含む）

イ 親事業者の義務、禁止行為

　ビジネス契約の当事者が親事業者・下請事業者に該当する場合は、下請法に定める義務および禁止行為等についての違反がないかについてチェックが必要である（もっとも、下請法の適用がない場合も、公正な取引の指針としての意義を有するものとして考慮する必要があろう）。
　下請法の定める親事業者の4つの義務や禁止事項は以下のとおりである。

【親事業者の4つの義務】

ア　書面交付の義務
イ　支払期日を定める義務
ウ　書類の作成・保存義務
エ　遅延利息の支払義務

【親事業者の禁止事項】

代金支払いに関する禁止事項

ア　下請代金の支払遅延の禁止
イ　下請代金の減額の禁止
ウ　買いたたきの禁止
エ　割引困難な手形の交付の禁止

目的物の受領に関する禁止事項

オ　受領拒否の禁止
カ　返品の禁止
キ　不当なやり直し等の禁止

その他の禁止事項

ク　購入強制の禁止
ケ　報復措置の禁止
コ　有償支給原材料等の対価の早期決済の禁止
サ　経済上の利益の提供要請の禁止

(3) 製造委託契約の主なチェックポイント

製造委託契約の主なチェックポイントは以下のとおりである。下請法の適用関係については(2)で説明済みであるので、それ以外のポイントについて、具体的に解説することとする。なお、売買契約と同様のチェックポイント（120頁）もあるので、適宜そちらも参照されたい。

	【はじめに】
1	下請法の適用を受けるか。…前掲(2)ア（125頁）参照。
2	下請法上の親事業者の義務を満たしているか。…前掲(2)イ（126頁）参照。
3	下請法上の禁止事項に抵触しないか。…前掲(2)イ（126頁）参照。
	【ビジネス条項】
4	委託の内容・範囲は明確か。…後掲ア（130頁）参照。
5	委託内容を実現するために必要なものが明確か（原材料、図面、ノウハウ、金型等。以下、「支給材等」という）。…後掲イ（131頁）参照。
6	支給材等の調達義務はどちらにあるか。…後掲イ（131頁）参照。
7	支給材等は無償支給か、貸与か。…後掲イ（131頁）参照。
8	所有権の移転時期はいつか（完成品・支給材等それぞれ）。…後掲ウ（131頁）・カ（133頁）参照。
9	引渡方法、検収の条件は明確か。…後掲エ（132頁）参照。
10	自主検査の定めはあるか。…後掲エ（132頁）参照。
11	代金の支払方法、支払時期は明確か。…後掲オ（132頁）参照。

	【リスク管理条項】
12	瑕疵担保条項の内容は明確か。…→第2章Ⅱ2(2)ウ(ｱ)（65頁）参照。
13	製造物責任に関する規定は適当か。…→第2章Ⅱ2(2)ウ(ｳ)（77頁）参照。
14	再委託先が原因で起こったトラブル、瑕疵への対処方法・責任の所在等を定めているか。…→後掲キ（134頁）参照。
15	模造品製造の禁止のための対策をとっているか。支給材の目的外使用の禁止その他。…→後掲キ（134頁）参照。
16	危険負担の移転時期についての定めは適当か。…→第2章Ⅱ2(2)ウ(ｲ)（75頁）参照。
17	支払いのリスクをどう担保しているか。支払いに関する物的保証・人的保証は用意されているか。相殺条項が設けてあるか。…→第2章Ⅱ2(2)エ（79頁）参照。
18	解除事由は取引の特性に合っているか。…→第2章Ⅱ2(2)オ(ｲ)(A)（93頁）参照。
19	解除権行使の際の、催告の要否や自らの履行提供の要否等について検討したか。…→第2章Ⅱ2(2)オ(ｲ)(B)～(D)（97頁以降）参照。
20	損害賠償のうち、具体的に規定できるものがあるかどうか検討したか。…→第2章Ⅱ2(2)オ(ｱ)（86頁）参照。
	【定型条項】
21	知的財産権に関する定めは明確か。…→後掲ク（135頁）参照。
22	定型条項にもれはないか。秘密保持義務に特に注意を払っているか。…→第2章Ⅱ2(3)（107頁）・同(2)オ(ｵ)（104頁）参照。

	【その他全般】
23	重要な事項につき、「協議により定める」としてあいまいにしていないか。記載もれはないか。…第1章Ⅱ1(2)イ（21頁）参照。
24	公序良俗違反と解釈されるような一方的な内容になっていないか。…第1章Ⅰ3(2)（14頁）参照。

ア　ポイント4：委託の内容・範囲は明確か

　受託者が委託者からの指示等に基づき製品を製造する製造委託の場合、当該製品がその指示等（委託内容、仕様書等）に合致しているかどうか（トラブル例①）がよく問題になる。

　また、当該製品が、仕様書上は具体的に"記載のない"仕様を備えておくべきであったか（トラブル例②）、というような点も問題になることがある。

　トラブル例①において、それが仕様書の解釈について当事者間に齟齬があることに起因する場合は、どちらの解釈が合理的かという点が争われることになる。仕様書の文言からはその答えが直ちに導かれないような場合は、契約過程の打ち合わせメモ等などを検討することで、当事者の意思を推測することがよく行われる。

　したがって、仕様書作成の際には、従来の検討内容が十分に反映されているかどうか、その解釈につき当事者間に齟齬がないかのチェックが必要である。また最終段階の検討内容と仕様書の内容に違いがある場合などは、その変更の理由がわかるもの（メーリングリストのやりとりその他）を仕様書とともに念のため保管しておくなどの注意も必要となる。

　トラブル例②においては、仕様書に記載がない以上、契約内容にならないとの判断になるのが自然とも思われる。しかし、すべての要望を事細かに仕様書に記載することは現実的には不可能である。したがって、たとえ仕様書

に記載がない機能であっても"当該委託目的からすれば当然備えておくべきであった"と解釈される場合もあるので注意を要する。なお、このような問題点を意識して、製造委託契約書において「本製品が仕様書に定める仕様及び通常有すべき品質、性能を備えていることを保証する」との文言が記載されることがある。ただし、その場合も結局、"実際にどのような仕様が通常有すべき仕様なのか"が裁判上は争われることになる。

イ　ポイント5〜7：支給材等についての定め

委託品の製造にあたっては、委託者の指定する特定の原材料・金型等の資材類（ハード）が必要とされることが多い。また特定の技術・ノウハウ（ソフト）に基づいて製造するよう委託者側が指示することもある。製造委託契約においては、それらのハード・ソフトの内容を具体的に記載することが必要である（もっとも、秘密保持の関係から具体的に記載できない場合もある）。

そして、原材料等を外から調達する場合、その調達義務はどちらにあるか（委託者側が調達して、受託者へ支給ないし貸与するのか、受託者自らが調達するのか）などを記載することとなる。また、委託者が他から調達して受託者へ供給する場合（一般に支給材と呼ばれる）は、それを有償とするか無償とするかについても定めをおくことになる。なお、下請法が適用されるケースでは、正当な理由もなく支給材等の購入を強制したり、有償支給原材料等の対価を下請代金よりも早く支払わせたりすると下請法違反になる。

一方、技術・ノウハウ等などの提供の際は、別途「技術供与契約」を締結し、権利・義務内容を明確に定めることが有用である。

ウ　ポイント8：所有権の移転時期（完成品・支給材）

委託された製品（完成品）の所有権の移転時期については、売買契約と同様に、「引渡時」「検収合格時」「代金支払時」などがある。

なお、支給材等についても、いつの時点で所有権が移転するかを記載する

ことが、権利関係の明確性を担保するためには有用である。(→173頁：IIモデル契約3【書式例4】6条参照)

エ　ポイント9・10：引渡方法・検収・自主検査

引渡方法や検収の場合のチェックポイントは売買契約の場合と同様である（第2章II 2⑴エ㈫（58頁参照））。

また、完成品の検収は委託者側が行うが、支給材については受託者側による検収規定を設けるのが一般的である（173頁～178頁：IIモデル契約3【書式例4】5条、12条～13条参照）。

自主検査については、受託製造側が出荷前に自主的な検査を行うことは当然のことのように思われるが、「自主検査のコストは委託者側との製造コストの打ち合わせの際に反映されておらず、自主検査の義務はない」として製造側（受託者側）が一切検査を行わなかったようなトラブル例もある。商法上も、買主側の検査義務しか定められていない（商法526条）。委託者側が受託者側による検査を望む場合、契約書に明記したほうが安全だろう。(177頁：IIモデル契約3【書式例4】13条参照)

なお、下請法が適用されるケースでは、目的物の受領に関する禁止事項（受領拒否の禁止、返品の禁止、不当なやり直し等の禁止）に抵触しないよう、特に注意を要する。

オ　ポイント11：代金支払い

代金の支払方法等についても、一般的には売買契約の場合と同様と解してよい（第2章II 2⑴エ㈭（59頁参照））。

ただし、製造委託の場合、支払時期が契約書に明記されていないと、民法の請負の規定が適用され、目的物の引渡しと同時に支払うことになる可能性が高い（民法633条）。

なお、下請法が適用されるケースでは、親事業者による代金の支払いにつ

いて、「下請代金の支払遅延の禁止」「下請代金の減額の禁止」「買いたたきの禁止」「割引困難な手形の交付の禁止」といった規制がある。また、支払期日については、給付受領日から60日以内であることが要求され、遅延した場合は遅延利息の支払義務が生じる。

カ　ポイント8・15：支給材の目的外使用の禁止、模造品製造の禁止

製造委託契約（その他業務委託一般）に特有のリスクとして、技術やノウハウ等の流出・流用リスクがある。たとえば、受託者が、貸与されている金型や図面を使って製造した製品を他社に販売してしまう、また、受託者から委託を受けた再委託先が、模造品を製造してしまう、というような事態である。

このようなリスクへの対応として、通常、製造委託契約書においては、「支給材を委託目的外の目的で使用・利用してはならない」「模造品を製造してはならない」等の定めが設けられている。しかし、さらに一歩進んで、具体的な防止策、たとえば「検査のための受託者側の事業所への立ち入り」「支給品等と受託者固有の資産の分別管理」「支給品使用状況に関する報告書の提出」「貸与品台帳の作成と委託者側の閲覧」その他の規定を設けることを検討する必要があろう。

この点、平成14年に経済産業省は、「金型図面や金型加工データの意図せざる流出の防止に関する指針について」を発表している。指針の概容は以下のとおりであるが、製造委託契約作成の際の参考になろう。指針そのものは経済産業省のホームページ〈http://www.meti.go.jp/kohosys/press/0002959/0/020712kanagatazumen.pdf〉より確認できるが、以下、指針の概容を抜粋して示す。

【指針の概要】

① 金型製造委託に関する取引にあたり、金型製造業者およびユーザーは契約書の締結および契約内容の明確化に努めること。
② 金型図面等に含まれる知的財産については、金型製造業者は、権利取得、機密保持契約による営業秘密化等により、管理保護に努めること。
③ 金型製造委託に関する取引にあたりユーザーは同取引が不正競争防止法上の「不正競争」、独占禁止法上の「優越的地位の濫用」に該当しないよう留意すること。

また、経済産業省は、平成16年に「取引・連携で知的財産を守るためのポイント」と題する中堅・中小企業向けの指針を発表しており、別冊で契約書・参考文例集も開示している。この内容も、経済産業省のホームページ〈http://www.meti.go.jp/policy/local_economy/downloadfiles/Business_environment_prom_div/CLUSTER.html〉で確認できるので、参照されたい。

キ　ポイント14：再委託

技術やノウハウ等の流出リスクを考えると受託先は可能な限り限定されていることが望ましい。したがって、再委託は「原則禁止」とすることが多い。もっとも、再委託がやむを得ない場合もあることに考慮して、「再委託は原則禁止する。但し、委託者が書面で承諾した場合を除く」という定めをおくのが一般的である。

また、再委託が許諾される場合も、再委託者に受託者と同一の義務を負わせ、かつ、受託者の義務は再委託によって影響を受けない（再委託がない場合と同一の義務を負う）旨の定めをおくのが通常である。

　　（→185頁、Ⅱモデル契約3【書式例4】29条参照）

ク　ポイント21：知的財産権

製造委託契約では、もっぱら以下の場面で知的財産権の帰属が問題になる。
① 委託者から提供されるノウハウその他の知的財産権——委託者側に帰属すると定めるのが通常
② 完成品に関して、また製造に関連して生じた知的財産権
　A　共同開発の場合——共有とするのが一般的。具体的な持分は貢献度をベースに、協議により定めるとする例が多い。
　B　単独開発の場合——開発した側に帰属し、他方に実施権等を付与すると定めるのが一般的。ただし、協議により異なる定めを可能とする例が多い。

なお、協議の結果、受託者の成果である知的財産権を委託者が譲り受ける（アサイン・バック）、また独占的に委託者に実施権を与える（グラント・バック）などが定められることがあるが、場合によっては、優越的地位の濫用等に該当し、独占禁止法違反に該当するので、当該規定を設ける際には契約全体をより慎重に検討する必要があろう。

その他のポイントについては、売買契約に関する解説を参照のこと。

3　業務委託契約

(1)　契約の性質

業務委託契約の法的性質は、委託する業務の内容によりさまざまである。
「Aが○○○業務をBに依頼する」という契約内容の場合、概して、「業務委託契約」というタイトルがつく傾向があるが、法的性質は、委託する業務の性質によって決まることになる。したがって、「業務委託契約」というタイトルだけでは契約の性質がわからない。

すなわち、業務内容によって、上記2の製造委託契約を含んだ請負契約の

場合もあれば、サービス内容によっては、委任（準委任）契約、寄託契約等の場合もある（場合によっては労働契約に該当することもあることは、以下、(2)で後述）。

〔例〕

- 製造・開発を委託する→請負契約
- IRに関するコンサルティング業務を委託する→準委任契約[13]
- 本物品の保管・管理を委託する→寄託契約

(2) 業務委託か、労働契約か

業務委託契約に関連して近年大きな問題になっているのが、労働契約（雇用契約）に基づく業務遂行との違いである。

商品開発業務を例にとってみると、自社の従業員に行わせる場合は"労働契約に基づく従業員としての業務"となるが、他社（法人）や個人事業者へ依頼する場合は一般的には"業務委託契約に基づく業務"となる。

〈図表18〉 業務委託と労働契約の違い

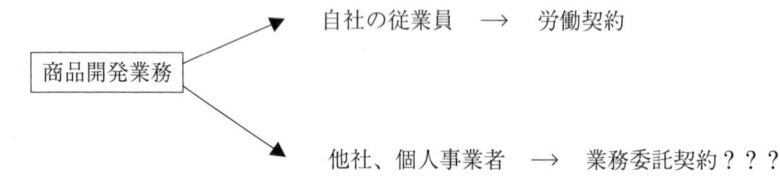

商品開発業務 → 自社の従業員 → 労働契約
商品開発業務 → 他社、個人事業者 → 業務委託契約？？？

上記のように、同一業務であっても、労働契約の場合にはその労働時間によっては残業代等が発生するし、また労働契約に伴う社会保険料の負担等も生じる。よって、これらの負担を免れたいがために、実体は労働契約でありながら、「業務委託契約」の名称で契約が締結されることがある（使用者側

---

[13] 法律行為の委託は「委任契約」、法律行為以外の事務の委託は、準委任契約となる。

のみならず、従業員側が社会保険料の負担をきらい、業務委託契約を自ら望む場合もあるようである)。

ここで注意しなければいけないのは、法律・判例上、労働契約は自社の従業員との契約に限られず、**他社や個人事業者との契約であっても、当該業務にあたって従業員と同様に、当該業務の従事者と依頼者側との間に「使用従属関係」が認められれば、それは労働契約として評価される**という点である。

労働者の保護のため、労働契約が適用される範囲が当事者の意思のみならず、「労働の実態」に着目して広く解釈されていることに特徴がある。

〈図表19〉でいえば、A社とXとの間に使用従属関係が認められる場合、言い換えればXに「労働者性」があれば、A社とXとの間には労働契約が締結されているものと評価され、労働基準法その他、労働契約の適用を前提とした法規制の対象となる。前述のように残業代支払いや社会保険料負担が生じるほか、労働契約の場合は、契約の解消にあたっても、解雇権の濫用に該当しないか等の労働者保護の規定が適用されることになる(労働基準法18条の2)。

なお、昨今問題となっている偽装請負とは、本来は派遣契約で処理すべきところ、形式的に「請負(業務委託)」と偽って、労働者(派遣労働者)の使

〈図表19〉 **業務委託の注意点**

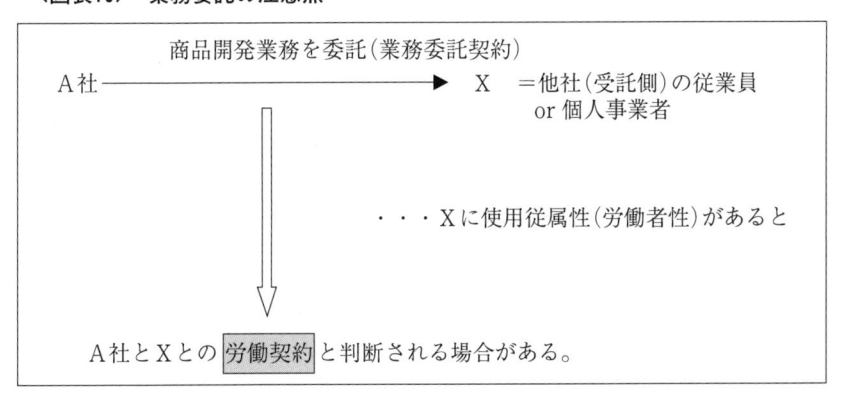

```
              商品開発業務を委託(業務委託契約)
A社 ─────────────────────▶  X  = 他社(受託側)の従業員
                                   or 個人事業者

              ▼
              ・・・Xに使用従属性(労働者性)があると

              ▼
    A社とXとの 労働契約 と判断される場合がある。
```

用に伴うさまざまな責任を免れようとする行為をいい、上記の「業務委託契約か、労働契約か」の論点と問題点を共通にする。

(3) 労働者性の判断基準

上記(2)のように、労働者性の有無は、当該契約が労働契約か否かを判断する基準であるが、明確な定義は存在しない。

たとえば、運送委託契約において、判例上、「運送会社とドライバーとの間で、雇用関係ではないことが文書で確認されていたこと、業務遂行の際に指揮命令や時間的・場所的拘束を受けていなかったこと、報酬は最低保証額が設定された出来高払いであること」などを理由に、労働契約であることが否定された例（大阪地判平成11・12・17労判781号65頁）もあれば、「業務内容や就業時間の管理を受けていたこと、ドライバーは運送会社所有の車両を運転していたこと（車両には運送会社の社名が記載されていた）、車両の維持費等は運送会社が負担していたこと、服務規律があったこと、報酬は就業時間等を考慮して決められていたこと」等を理由に、労働契約だと認定された事例もある（大阪地判平成18・10・12労判928号24頁）。

以下は、労働省労働基準法研究会が昭和60年に発表した労働基準法の労働者の判断基準のポイントを筆者がまとめたものである。特に、受託者側の労働者や個人事業者が委託者側の事業所で作業をするような場合の業務委託契約においては、下記基準に十分配慮して、契約書を作成する必要があろう。

【労働者性の判断基準】

一	使用従属性に関する判断基準
1	指揮監督下の労働に関する判断基準
(1)	仕事の依頼、業務従事の指示等に対する諾否の自由の有無

(2)		業務遂行上の指揮監督の有無
		①業務の内容および遂行方法に対する指揮命令の有無
		②使用者の命令、依頼等により通常予定されている業務以外の業務に従事することがあるか
		③拘束性の有無（勤務場所および勤務時間等）
2		**報酬の労務対償性**
		指揮監督下の労働時間を基礎として計算されているかどうか等
二		**労働者性の判断を補強する要素（上記一．の補強）**
1		**事業者性**
		機械器具の負担の有無、報酬額（労働者よりも著しく高額かどうか）、商号使用の有無等
2		**専属性**
		他社の業務に従事することの事由の有無、報酬に固定部分があるかどうか、固定部分の報酬に生活保障的な要素が強く認められるかどうか
3		**その他**
		採用・委託等の選考過程における違い、源泉徴収の有無、労働保険の適用対象の有無、服務規律適用の有無、退職金制度、福利厚生制度の適用等、使用者の認識

(4) 業務委託契約の主なチェックポイント

　製造委託契約の場合の主なチェックポイントは上記(3)に記載したとおりであるが、サービス業務の委託の場合、いかなるサービス業務を委託するかに

より注意点もさまざまであるので一義的にリストアップするのがより難しい。

以下では、コンサルティング契約やアドバイザリー契約などにおいて特にチェックすべき点をあげる。

ア　ビジネス条項

⑺　委託の内容・範囲が明確か

コンサルティング契約やアドバイザリー契約などでは、「頼んでいた話とは違う」、または「そこまで依頼を受けていない」といったトラブルがよく生じる（それに関連して報酬額や費用負担が問題になるケースが多い）。契約書において委託の内容・範囲を明確にすることが極めて重要である。

⑷　スケジュールが明確か

物を完成して期限までに引き渡せといった契約とは異なり、コンサルティング契約やアドバイザリー契約の場合、「1か月間はAに関するサービスを、続いてBに関するサービスを」というようにサービス内容がスケジュールと共に明示されることが多い。

そして、コンサルティング契約やアドバイザリー契約では、委託者側の協力も必須であるため、スケジュールについて双方が合意しておく必要がある（ただし、あまりに硬直的にならないよう途中で見直しできるような条項を入れておくほうが安全である）。なお、スケジュールを明確にすることによって、委託業務の内容を、双方がより具体的に確認できるというメリットもある。

⑼　報酬の支払方法は、委託業務の性質に合っているか

タイムチャージ方式、定額方式、プロジェクト方式等がある。60頁参照のこと。

(エ) 費用負担について明確に規定されているか

　交通費・通信費その他の費用負担を委託者・受託者のどちらが負担するかを定める必要がある。
　委託者側の負担とする場合は、一定の金額を超える際には、事前に委託者側の承諾を必要とする旨を定めることが多い。

(オ) 成果物がある場合の知的財産権の帰属は定めたか

　コンサルティング契約やアドバイザリー契約などでは、その成果物として受託者によりレポートなどが作成されることが多い。
　この点、成果物の著作権が委託者側に移ってしまうとなると、受託者側が他社に同種のサービスをする際の妨げになるリスクが高い。したがって、「受託者側が作成したレポート等の成果物の著作権は受託者側に帰属する。委託者に限りその利用が許諾されるものとし、委託者は受託者の承諾なしに、成果物を公表または第三者に伝達することはできないものとする」などと定めるのが通例である。
　また、当該成果物には委託者側の秘密情報等が含まれているのが常であるので、受託者が別件で当該成果物を利用する際には、委託者に係る情報については秘密遵守という制限を設けることになる。

イ　リスク管理条項

(ア) 秘密保持

　コンサルティング契約やアドバイザリー契約などでは、受託者が委託者から提供される情報を分析・検討することが必然であり、多くのしかも秘匿性の高い内部情報が受託者へ提供されることになる。よって、秘密保持義務規定の重要性は極めて高い。

そして、コンサルティング契約やアドバイザリー契約の場合、まず委託者側の情報を先に開示し、素案の提供を受けて検討した後に、実際の契約締結に至ることが多い。したがって、事前に秘密保持契約だけを締結しておく例も多い。

　また、コンサルティング業務やアドバイザリー業務においては受託者側からもノウハウ等が委託者側へ開示されるため、それに関する秘密保持の定めも必要になる。

(イ) 第三者への同一業務の委託禁止条項

　委託者が受託者からアドバイスのコンセプトだけ受領して、当該コンセプトを前提に競合他社へ安い金額で同一サービス依頼をするというようなことがないよう、第三者への同一業務の委託禁止を定める場合がある。

　上記リスクのわかりやすい例としては、M&Aのアドバイザーが委託者へ買い手候補企業を紹介したものの、直後にアドバイザリー契約を解除され、より低額なアドバイザーへ依頼されたといったケースがある。

　このようなリスクを防止するため、同一（または同様の効果を生じさせる）サービスの第三者への委託禁止や、違反した場合の賠償の定めを設けることが多い。

(ウ) 成果の無保証

　コンサルティング契約やアドバイザリー契約の場合、「受託者側は善管注意義務を尽くしてサービス業務を行う。但し、そのサービスの結果、委託者側が一定の成果を上げることまでは保証しない」旨を定めることが多い。

　たとえば、IRのコンサルティングの場合、「投資家からの評価を上げることを目的にIRに関するアドバイスを行うが、実際に投資家における評価、例えばランキング等があがることまでは保証しない」といった内容の文言が設けられる。

M&Aのアドバイザリー契約などの場合も、あくまでアドバイスにとどまり、統合の実現までを保証するものではないことを確認すべく、以下のような規定を設けるのが一般的である。

「委託者とアドバイザーは、本件の実現等をアドバイザーが保証するものではないこと、委託者の判断に基づき、かつ委託者の責任において本件を行うことを確認する」。

(エ) 引き抜きの禁止

業務委託契約の場合、一定期間、受託者・委託者間で密にコミュニケーションをとることが多く、受託者の社員が長期間、委託者の事業内で作業等を行うようなこともある。

そして、そのように気心が知れるようになった結果、特に委託者側による受託者の社員の引き抜きが行われることがある。そのようなリスクを防止するため、業務委託契約の中には、次のような引き抜き禁止条項を定める例もみられる。「委託期間中及び委託期間終了後1年間は、両者は互いに相手方の従業員に対する勧誘行為（引き抜き行為）を行わないものとする。但し、相手方の事前の承諾がある場合を除く」。

以上のポイントに加え、各々の委託業務の性質に応じて、ビジネス条項、リスク管理条項を検討し、適宜、定型条項を設けることになる。

4　金銭消費貸借契約

(1) 契約の性質（要物契約）

金銭消費貸借、いわゆる貸金契約は「要物契約」である。要物契約とは、物の交付が契約の成立要件になっている契約をいう。したがって、「貸す」「借りる」といった意思の表示だけではなく、現実に金銭を交付することによってはじめて契約が成立する。このため、金銭消費貸借契約においては

「甲は乙へ金1000万円を貸し渡し、乙はこれを受領した」というように、金銭の授受の事実が記載されることになる。

なお、本書における金銭消費貸借契約は貸金業法の適用を念頭においていないが、以下の要件に該当する貸付は同法の適用を受けるので注意されたい（下線は筆者）。

> **貸金業法**
> **第2条1項**
> 　この法律において「貸金業」とは、金銭の貸付け又は金銭の貸借の媒介（手形の割引、売渡担保その他これらに類する方法によってする金銭の交付又は当該方法によってする金銭の授受の媒介を含む。以下これらを総称して単に「貸付け」という。）で業として行うものをいう。ただし、次に掲げるものを除く。
> 　一　国又は地方公共団体が行うもの
> 　二　貸付けを業として行うにつき他の法律に特別の規定のある者が行うもの
> 　三　物品の売買、運送、保管又は売買の媒介を業とする者がその取引に付随して行うもの
> 　四　事業者がその従業者に対して行うもの
> 　五　前各号に掲げるもののほか、資金需要者等の利益を損なうおそれがないと認められる貸付けを行う者で政令で定めるものが行うもの

　上記のうち、「業として行なう」とは、「反復継続の意思をもって同項所定の行為をすることをいい、営利の目的をもってすると否とを問わない」とされている。貸金業に該当する場合、貸金業規制法の定めに従って、財務局長または都道府県知事の登録を受けなければならない。

　この点、企業のグループ内の貸付においては、親子会社間での金銭貸付は、その目的が資金繰りの融資である場合については貸金業とはみなされず、貸金業登録も不要であるとの運用がなされているようであるが、それ以外の場

合は、グループ内であっても貸金業登録が必要となっている。グループ内のCMS（キャッシュマネジメントシステム）の妨げになるものとして、経済界からは貸金業法改正の要望がなされている。

(2) 金銭消費貸借の主なチェックポイント

　金銭消費貸借契約の主なチェックポイントは以下のとおりである。比較的シンプルであり、要は、金銭を貸す条件が具体的に記載されているか、返済のリスクをどう担保しているか、という点が中心となる。

	【ビジネス条項】
1	金額が明記されているか。⋯後掲ア（146頁）参照。
2	金銭交付の事実が明記されているか。⋯後掲イ（146頁）参照。
3	利息・遅延損害金の定めがあるか。⋯後掲ウ（146頁）参照。
4	弁済期日、弁済方法は明確か。⋯Ⅱモデル契約4【書式例5】1条（188頁）参照。
	【リスク条項】
5	保証人を設けたか。連帯保証人か否か。⋯後掲エ（148頁）参照。
6	物的担保を設定したか。⋯後掲オ（149頁）参照。
7	期限の利益の喪失条項を設けたか。⋯後掲カ（149頁）参照。
8	強制執行受諾文言付きの公正証書を作成するか。⋯Ⅱモデル契約4【書式例5】4条（190頁）参照。
	【その他全般】
9	利息制限法違反はないか。⋯後掲ウ（146頁）参照。
10	公序良俗違反の使途に使われるものではないか。⋯後掲キ（150頁）参照。

ア　ポイント１：金額の明記

　金額の明記は当然のことであるが、手形貸付の場合などは、割引後の金額と手形券面上の金額のどちらが消費貸借契約の対象となる金額かが問題になった事例がある（下記最三小判昭和39・7・7参照）。後日の紛争を避けるべく、金額については明確に合意・記載しておく必要がある。

　なお、分割弁済の場合、初回の弁済金を差し引いて金銭を貸し出すこともあるが、そのような場合、実際の貸出金額と最初の交付金額に齟齬が生じるので、契約書上の記載に注意したい。

【金銭貸付の方法として手形を交付した場合の消費貸借の成立金額に関する事例】

> **最三小判昭和39・7・7民集18巻6号1049頁**
> 　金銭の消費貸借にあたり、貸主が借主に対し金銭交付の方法として約束手形を振り出した場合において、右約束手形が満期に全額支払われたときは、たとえ借主が右約束手形を他で割り引き、手形金額にみたない金員を入手したのにとどまっても、右手形金額相当額について消費貸借が成立する。

イ　ポイント２：金銭交付の事実

　金銭交付は前述のように、契約の成立条件である。

　当該交付の方法については特に制限はないが、銀行振込みによるなど客観的に証拠が残る方法によることが望ましい。現物を手交したような場合、はたして本当に金銭の授受があったのかどうかが事後に問題になることがある。

ウ　ポイント３・９：利息、遅延損害金、利息制限法

　利息とは、金銭を貸すというサービスのいわばサービス料である。遅延損

害金とは金銭消費貸借上の債務不履行による賠償額である。

民法上の消費貸借は特約がない限り無利息となるが、商法が適用される場合は6％の利息が適用される（商法513条・514条）。

商法による商事法的利率は強行規定ではないので、当事者の合意により任意に金利を設定することができる。ただし、強行法規である利息制限法の限度を超えることはできない。

利息制限法

1条　利息の最高限度

元金		
	10万円未満	年20％
	10万円以上100万円未満	年18％
	100万円未満	年15％

4条　賠償額予定の制限

元金		
	10万円未満	年29.2％
	10万円以上100万円未満	年26.28％
	100万円以上	年21.9％

なお、近年問題になったグレーゾーン金利とは、出資法の上限金利である29.28％の金利と利息制限法の上限金利における金利の間（ゾーン）の金利のことである。

利息制限法の上限利率を超過する利息契約は無効ではあるものの、一方で貸金業法43条では、この利息制限法超過利息であっても、債務者が任意に利息として支払った場合は有効な利息の弁済とみなすと定めていることから、多くの金融業者では29.28％の金利で貸し付けていた。

平成18年12月13日、貸金業の規制等に関する法律等の一部を改正する法律が成立し、上記のグレーゾーン金利は平成21年をメドに撤廃されることになった。

エ　ポイント5：保証人

　返済を担保するために重要となるのが保証人との間の債務保証契約である（79頁参照のこと）。

　なお、平成17年4月に施行された「民法の一部を改正する法律」により保証制度には以下のような変更が生じているので、古いバージョンの契約書のひな形を利用する際などには注意すること。

【保証契約の適正化】（法務省民事局作成資料より引用）

　融資に関する根保証契約を締結した個人の保証人を保護するため、次のような措置を講じる。

(1)	極度額（限度額）の定め 　極度額の定めのない根保証契約を無効する。
(2)	元本確定期日（保証期間の制限） 　根保証をした保証人は、元本確定期日までの間に行われた融資に限って保証債務を負担することとする。この元本確定期日は、契約で定める場合には契約日から5年以内、契約で定めていない場合には契約日から3年後の日となる。
(3)	元本確定事由 　主たる債務者や保証人が、強制執行を受けた場合、破産手続開始の決定を受けた場合、死亡した場合には、根保証をした保証人は、その後に行われた融資については保証債務を負担しないこととする。
(4)	書面の作成（※すべての保証契約が対象） 　根保証契約を含む保証契約は、契約書などの書面によってしなければ無効とする。

オ ポイント6：物的担保

物的担保には、抵当権、質権、譲渡担保などがあるが、金銭消費貸借契約の場合、もっぱら抵当権を設定することが多い。

抵当権設定においては目的物を明確にすることはもちろんだが（もっとも、そうしないと登記ができない）、抵当権設定にかかる費用負担（登録免許税・登記申請手続その他）や、設定者による目的物等の処分の禁止、設定者の負担による火災保険等の負担等の定めを設けるのが通例である。

カ ポイント7：期限の利益の喪失

民法は、以下の場合に期限の利益が喪失すると定めている。

> **民法**
> **（期限の利益の喪失）**
> **第137条**
> 　次に掲げる場合には、債務者は、期限の利益を主張することができない。
> 　一　債務者が破産手続開始の決定を受けたとき。
> 　二　債務者が担保を滅失させ、損傷させ、又は減少させたとき。
> 　三　債務者が担保を供する義務を負う場合において、これを供しないとき。

実務においては上記に限定されず、「契約違反」を期限の利益の喪失事由にするなど、喪失事由を広く設定し、ただちに一括請求できるようにするのが通常である。また、そのように定めることで、契約違反を予防する狙いもある。

キ ポイント10：公序良俗違反の使途に使われるものではないか

契約書への記載の問題ではないが、金銭消費貸借契約の場合、その使途にかかる調査が重要である。

不正な使途への融資の場合、不法原因給付（民法708条）と判断され、返還請求が認められない場合がある（民法708条：不法な原因のために給付した者は、その給付したものの返還を請求することができない）。

その他のポイントについては、売買契約に関する解説を参照のこと。

5 秘密保持契約

(1) 秘密保持契約が締結される場面とその方法

秘密保持契約は実にさまざまな場面で締結されている。

すなわち、製造委託、業務提携・資本提携、コンサルティング契約といった企業間における契約に限られず、自社の社員や派遣社員等との間でも就業規則や個別契約（秘密保持契約書、守秘契約書、誓約書等）のかたちで存在する。

企業間においては、ビジネスに関する契約の締結を検討する際に、**事前に秘密保持契約のみを先行して締結する**ことが多い。仮に本題の契約締結に至らないような事態になっても、すでに相手方に開示済みの情報につき、相手方に守秘義務を負わせ、不正な利用や、別の第三者への流出を防ぐのがその狙いである。

なお、秘密保持義務は、秘密保持契約を締結しなければ生じない義務ではなく、契約関係に入った当事者の信義側上の義務としても認められる。

たとえば、特許法29条1項1号に関する判例で、「発明者のために秘密を保つべき関係は、法律上又は契約上秘密保持の義務を課せられることによっ

て生ずるほか、すでに昭和58〜59年当時から、社会通念上又は商慣習上、発明者側の特段の明示的な指示や要求がなくとも、秘密扱いとすることが暗黙のうちに求められ、かつ、期待される場合においても生ずるものであったというべきである」と判示しているものもある。（東京高判平成14・5・29判タ1113号266頁）

　また、労働者が労働関係の存続中は労働契約の付随義務として秘密保持義務を負うことも古くから認められている（問題になるのは、退職後の秘密保持義務である）。

　ただし、信義則や商慣習によると、いかなる範囲の秘密が対象になるのか、義務に違反したときの制裁措置は何かなどが直ちに導かれないため、紛争の解決に時間を要する。よって、秘密保持義務を契約書上に明記しておくことが肝要であろう。

(2) 秘密とは

ア　不正競争防止法の定義

　不正競争防止法においては「営業秘密」が、また、個人情報保護法においては「個人情報」「個人データ」等が定義されているが、いずれもそれぞれの法による保護対象を定義するにとどまり、秘密保持契約における「秘密」を網羅するものではない。たとえば、営業秘密には会社の経営上の情報、たとえば、吸収合併を検討している事実などは含まれない。

　もっとも、「秘密として相手方に非開示義務等を負わせるに足る内容を持つ情報か」かという判断をする際に、不正競争防止法における以下の定義は参考になろう。

第3章　具体的検討例

> **不正競争防止法**
> **第2条第6項**
> 　この法律において「営業秘密」とは、秘密として管理されている生産方法、販売方法その他の事業活動に有用な技術上又は営業上の情報であって、公然と知られていないものをいう。

　上記の定義のポイントは以下の3つである。
①　「秘密として管理されている」こと（秘密管理性）
②　「有用な」情報であること（有用性）
③　「公然と知られていない」こと（非公知性）
　すなわち、有用な情報である以上（②）、それなりの管理がされており（①）、また広く知られているのであれば特に保護するに値しない（③）ということである。そして、②は当事者間で評価に争いが生じ得るが、①などは客観的事実から証明できる事項である。相手方に秘密保持義務を課す際は、その秘密につき、それにふさわしい管理を自ら行っているかという視点も重要である。

イ　秘密保持契約における秘密

　実際の秘密保持契約においては、秘密はその「種類」と「媒体」で表現されることが多い。
　その種類については、「本件に関連して、情報開示者から開示・提供又は貸与を受けた一切の情報及び本件を通じて得た知識並びに知り得た情報開示者の業務上の秘密」などと表現され、漠然と広い定義になっている。媒体についても「書面、口頭又はその他の伝達媒体により」とされ、実際には限定がないに等しい。
　もっとも、漠然とした表現になるには無理からぬ事情もある。あまり具体

的に表現すると秘密の内容自体が契約上に示されてしまうことになるし、また、特定ないし限定した規定にすると秘密の対象に含まれない情報が出てくるリスクがあるためである。

そのようなリスクを排して、具体化する例として、以下のような規定がある。もっとも、情報の提供ごとに秘密であることを示すのが煩雑との理由で、利用されているケースはそう多くないように思われる。

《記載例45》 秘密情報

> 秘密情報とは、秘密であることを明示して開示した情報をいう。提供の媒体が書面である場合は、「秘密情報」その他秘密を保持すべき性格の情報であることを明記する。提供の媒体が口頭による場合、全て秘密情報とするが、その開示後7日以内に書面化し、秘密であることを明記しない限り、開示後8日以降は秘密保持の対象外とする。書面及び口頭以外の媒体による提供の場合は、別途除外する旨の合意ない限り、秘密情報とする。

(3) 秘密保持契約のチェックポイント

　ア　秘密情報の内容を規定したか

前述したとおり、秘密の内容をどう定義するかが一番のポイントである。なお、105頁で記載したとおり、「相手方から開示された情報」という定義のみでは、秘密にしたい情報すべてがカバーできない場合がある。先に述べたように、たとえば、仕入価格は相手方から開示された情報にあたらないので注意されたい。

　イ　秘密保持義務の内容を規定したか

秘密保持義務の内容は、非開示義務と情報の管理義務、すなわち自ら開示

しない義務（不作為義務）と、流出を防ぐ措置をとる義務（作為義務）がその中心である。

　実際には、具体的な秘密の内容に応じて、当該秘密保持の内容で十分かどうかを検討する必要があろう。

【不作為義務】
　① 秘密情報の非開示（第三者提供等の禁止その他）
　② 目的外利用の禁止

【作為義務】
　③ 秘密に接することができる者を限定する。
　④ ③の者に、厳格な秘密保持義務を課する。
　⑤ 提供を受けた情報を、その媒体に応じて厳格に管理し、流出防止策をとる。
　⑥ 取引等終了時の秘密情報の処理（返還もしくは廃棄）

【その他】
　⑦ 流出した場合の報告義務、対処義務、損害賠償義務

　なお、従業員との秘密保持契約においては、企業間の秘密保持契約とは異なる配慮が必要となる。すでに秘密を了知している従業員との契約の場合は、秘密内容の特定により秘密が漏洩するといった心配がない。したがって、むしろ秘密の内容を可能な限り明確にして義務の遵守を徹底させる一方で、不当に広範囲な義務を課さないように配慮が必要である。特に退職後の秘密保持義務の場合、義務内容が過大であると、公序良俗に反して無効とみなされるリスクもある（以下、ウでも後述）。

ウ　公序良俗違反とならないか

　105頁で記載したように、秘密保持の期間は秘密の内容に応じて定めることになるが、2年～5年程度が一般的のように思われる。ただし、10年や20年といった規定もまれに見かける。不必要に長い場合、経済活動等を過度に制約するものとして無効になることがあるので注意を要する。

　特に従業員との間の退職後の秘密保持契約は、当該従業員の就労の機会を不当に制限しないか、という視点で厳しく判定される傾向にある。

　たとえば、退職後1年間の競業避止義務を定めた規定が、「業務内容の秘密性が高いとはいえず、かつ、他社への転職を制限すると従業員の再就職を著しく妨げる」、また、「在職中月額4000円の秘密保持手当が支払われていただけで退職金その他の代償措置もとられていない」等を考慮した結果、公序良俗違反として無効とされた事例もある（大阪地判平成15・1・22労判846号39頁）。

　一方で、退職後2年間の競業避止を定めた規定が、「秘密の内容が顧客の名簿及び取引内容に関わる事項並びに製品の製造過程、価格等に関わる事項に限定されており、かつ、事業の特性から当該秘密に重要性が認められること」「退職後2年間は在職時に担当したことのある営業地域（都道府県）並びにその隣接地域（都道府県）に在する同業他社（支店、営業所を含む）に就職をして、あるいは同地域にて同業の事業を起して、会社の顧客に対して営業活動を行ったり、代替したりしないこと」と範囲も限定されていること、「被告は従前の担当地域の顔なじみの顧客に営業活動を展開できないという不利益を被るが、禁じられているのは顧客収奪行為であり、それ以外は禁じられていない」ことなどを理由に有効と認められた事例もある（東京地判平成14・8・30労判838号32頁）。

6　リスク回避の視点

　以上が主な契約のチェックポイントの解説である。

　ただし、契約はそれぞれの事情に応じたいわば「個性」があり、上記のチェック・ポイントだけで対処できるわけではないことをくれぐれも留意されたい。上記はあくまでチェックの一助になるにすぎない。

　実務においては、当該契約においてのリスクが何かを一番心得ている担当者が、「現在のドラフトでビジネスリスクに対して十分に対応可能か」という視点をもってチェックすることがもっとも肝要である。

II　モデル契約

　以下、ごく一般的な契約例や通知例、いわゆる「ひな形」をいくつか紹介する。なお、以下はあくまでひな形であり、契約の実情に応じて適宜修正・加筆が必要となる。

1　売買基本契約

【書式例2】　売買基本契約書

売買基本契約書

　売主（以下、「甲」という。）と買主（以下、「乙」という。）とは、甲から乙に売り渡される製品（以下、「本製品」という。）の売買に関し、基本的事項を定めるため、次の通り契約（以下、「本契約」という。）を締結する。

第1条（基本契約）
　本契約に定める事項中、個別売買（以下、「個別契約」という。）に関するものは、本契約の有効期間中、甲乙間に締結される一切の個別契約につき、その内容として共通に適用されるものとする。但し、個別契約において本契約に定める事項の一部若しくは全部の適用を排除し、又は本契約と異なる事項を規定することを妨げるものではない。

★ポイント
　基本契約と個別契約の関係を明確にしておくことが重要である。上記の例では、個別契約で基本契約の変更が可能であることを規定している。

第 2 条（売買目的物）

本製品の規格、仕様等は別紙に定める通りとする。

> ★ポイント
>
> 　目的物の詳細を別紙で定める方式である。このような契約形態の場合、別紙が契約締結のぎりぎりになってできあがるようなことがよくあるが、別紙のチェックがなおざりにならないよう注意が必要である。また、商品の詳細等については担当部署に十分にチェックしてもらうことが重要である。

第 3 条（個別契約）

1　甲から乙に売り渡される本製品の品名、物量、単価、引渡し条件、代金支払方法その他売買につき必要な条件は、本契約に定めるものを除き、個別売買の都度、甲乙間において別に締結される個別契約をもって定める。個別契約の様式は本契約書別紙の通りとする。

2　前項の個別契約は、乙の提出する注文書と甲の交付する注文請書の交換によって代えることができる。この場合には、甲の注文請書の交付の時に個別契約が成立するものとする。但し、予め甲が注文請書の交付を省略する旨を乙に通知したときは、乙の注文書の到達の時をもって個別契約が成立するものとする。

3　やむを得ざる場合には、甲乙の合意により、前 2 項の方式によらないで個別契約を成立させることができる。

> ★ポイント
>
> ・　具体的な取引条件は個別契約で定められることが明記されている。

- 個別契約の成立の形式が規定されており、注文請書の交付をもって成立することを原則としている。なお、「注文書到達後、3営業日以内に拒絶の通知がない場合、契約を成立したものとみなす」といったみなし規定が設けられることもある。

第4条（検査義務、物品の品質等の保証）

甲は、自ら注意義務を尽くして品質検査をした上で、乙の指定する品質基準に合致したもののみを乙に引き渡すものとし、また、その品質につき十分な注意義務を尽くし、その安全と無害及び製造物責任法の定める欠陥が存在しないことを、乙に保証するものとする。

★ポイント
- 売主側にも検査義務があることを明記する例である。まれにではあるが、売主より「検査は買主が行うことになっている。売主側が検査を行わない前提で価格が設定されていたのであるから売主側は検査義務を負わない」というような主張がなされることがある。
- 売主側が行う具体的検査内容を別紙として添付する方法もある。

第5条（検査及び受渡し）

1　甲は個別契約に定める約定期日に約定引渡場所に本製品を持参して乙に引き渡すものとし、乙は本製品受取後、遅滞なく本製品の検査を行うものとする。検査の基準は、乙の基準によるものとする。
2　本製品の所有権は、本製品の引渡しがあった時に、甲から乙に移転するものとする。

> **★ポイント**
> ・　乙の検査義務については「遅滞なく」行うものとされている。遅滞なくとは「正当な、または合理的な理由もなく、遅延することは許されない」という意味において用いられるが、明確にするためには、「3営業日」等、特定することが望ましい。
> ・　所有権の移転については、上記のように引渡し時とするケースが多いが、検査終了時とするものもある。

第6条（危険負担）

　本製品の引渡し前に生じた物品の滅失・毀損・減量・変質その他一切の損害は、乙の責に帰すべきものを除き甲の負担とし、本製品の引渡し後に生じたこれらの損害は、甲の責に帰すべきものを除き乙の負担とする。

> **★ポイント**
> 　危険負担とは、「売買などの双務契約において、一方の債務が債務者の責めに帰することのできない事由で履行不能となって消滅した場合に、他方の債務も消滅するかどうか（どちらが危険を負担するか）」とう問題である。上記は所有権の移転と共に、危険負担も移転するという一般的な例にならっている。

第7条（返品等）

1　乙は、次の各号のいずれかに該当する場合を除き、売買契約に係る本製品を甲に返品することはできない。
　(1)　納入された本製品が甲の責に帰すべき事由に基づき、汚損・毀損

その他瑕疵のあるものであった場合、または製造物責任法にいう欠陥のあるものであった場合

(2) 納入された本製品が注文した内容と異なる場合、または注文数を超えて納入された場合

(3) 納期に遅れて納入された場合

(4) 返品を受けることが甲の利益である場合において甲より返品の申し出があり、乙がこれを承諾した場合

2　検査の不合格品、契約を解除された物品、前項による返品等、乙より返却すべき物品がある場合には、甲は乙の通知到達後遅滞なく、自己の費用をもってこれを引き取らなければならない。

3　前項の通知発送後、相当の期間経過後において甲の引取りがない場合には、乙は、甲の費用をもって物品を返送し、又は物品を売却してその代価を保管若しくは供託することができる。

> ★ポイント
>
> 　上記の2項・3項では返品の具体的処理について定めている。特に3項を定めることで、甲の引き取りを促す効果がある。ただし、「相当の期間」については具体的に定めることが望ましい。なお、大量返品が発生するような場合は、数量の確認や受け入れ場所等について事前に打ち合わせを必要とし、契約書の規定のみでは対処できないことが多い。

第8条（代金支払）

乙は、売買代金を以下に従い甲に支払うものとする。

(1) 毎月1日から当月末日迄に受け渡した分について、翌月3日迄に、甲より請求書を受領する。

(2) 乙は毎月月末締め翌月25日迄に甲の指定銀行口座に振り込むもの

とする。その日が金融機関休業日に該当する場合は、その翌金融機関営業日に支払うものとする。

第9条（相殺）

　乙が甲に対して債権を有するときは、乙は当該債権の弁済期が到来すると否とを問わず、その債権と乙が甲に対して負担する債務の対当額を相殺しうるものとする。

> **★ポイント**
>
> 「弁済期の到来にかかわらず相殺できる」と定めることが重要である。民法の規定だけに従えば、弁済期が到来していない自働債権をもって相殺をすることはできないためである。

第10条（瑕疵担保責任）

　甲は、本製品の引渡し後1年以内に、本製品に瑕疵を発見した場合、遅滞なく乙に通知するものとし、乙は、その選択により、当該契約を解除し、損害の賠償を請求し、あるいは代品納入、瑕疵の補修若しくは代金減額を請求することができる。

> **★ポイント**
>
> 　具体的状況に応じて乙が金銭の賠償請求をするか、または代品の納入を請求するか等救済策を選択できるような定めとなっている。民法の瑕疵担保責任の規定（民法560条など）で認められる救済策は解除と損害賠償請求のみであるが、上記の例では瑕疵の補修や代金減額といった救済策も定めている。

第11条（機密の保持）

1　次に掲げる事項は機密事項とし、互いに相手方の書面による承諾なしにこれを第三者に漏洩してはならない。
　(1)　甲乙間の取引内容に関する事項
　(2)　取引に関連して知り得た相手方の技術・営業・経営その他事業に関する事項
　(3)　当事者の一方が相手方に対し機密事項として通知する事項
2　当事者の一方が前項に違反して相手方に損害を与えたときは、相手方の請求によって損害を賠償しなければならない。

第12条（権利義務の譲渡）

甲または乙は、事前の書面による相手方の承諾を得なければ、本契約に基づくに対する権利義務の全部または一部を第三者に譲渡し、または担保に供することができない。

> ★ポイント
> 　民法の原則によれば、指名債権（＝債権者の特定した債権）は譲渡人が債務者に通知をし、または債務者の承諾があることが第三者への対抗要件となるが、上記では譲渡そのものに書面による事前の承諾を必要としている。なお、【書式例8】債権譲渡通知（198頁）も参照のこと。

第13条（通知義務）

甲又は乙は、次の各号のいずれかに該当する事実が生じたときは速やかに相手方に通知しなければならない。
　(1)　商号、所在地、代表者、主要株主その他重要な変更または異動が生じたとき

(2) 事業を譲渡し、又は譲り受けたとき
(3) 合併、会社分割、株式移転、株式交換その他の組織再編があったとき

> ★ポイント
> 　一方当事者の組織や事業等に変更があった場合に、相手方当事者が速やかな対応をとれるように、通知義務を課す例である。

第14条（契約解除）

1　甲又は乙は、相手方が本契約若しくは個別契約に違反している事実が判明したとき又は本契約若しくは個別契約の遂行が困難と判断される客観的事由が生じたときは、文書にてその是正を求め、文書到達後2週間以内に相手方がその是正を行わないときは、自己の債務の履行を提供しないで即時に本契約若しくは個別契約を解除し、併せて損害賠償を請求できるものとする。

2　甲又は乙は、相手方が次の1つにでも該当したときには、何らの通知催告及び自己の債務の提供を要しないで本契約若しくは個別契約を解除し、併せて損害賠償を請求できるものとする。

(1) 仮差押え、仮処分、強制執行、競売の申立て若しくは破産、民事再生、会社更生開始その他法的整理の申立てがあったとき、又は清算に入ったとき
(2) 租税公課を滞納して督促を受けたとき、又は保全差押えを受けたとき
(3) 支払を停止したとき
(4) 手形交換所の取引停止処分を受け、又は不渡手形を生じたとき
(5) 監督官庁より営業停止処分を受けたとき

(6) その他契約の遂行が不可能と判断されるに足る客観的事由が生じたとき
3 前2項に該当した側は、当然に相手方に対する全債務の期限の利益を失い、残債務全額を直ちに相手方に支払うものとする。

★ポイント
・ 1項、2項ともに、解除の相手方による同時履行の抗弁権の主張を封じるため、「自己の債務の履行を提供しないで」と明記している。
・ 2項にはいわゆる倒産解除条項が記載されているが、実際の法的整理の場面では任意の解除が制限されるケースがあることに注意すること（97頁参照）。
・ 実際の紛争の場面では、何が「契約の遂行が不可能と判断されるに足る客観的事由」に該当するかがよく問題となる。
・ 損害賠償請求に関しては具体的な記載をせず「すべての損害」と表現している。しかし、実際の損害賠償請求の場面では、損害の範囲・金銭的評価について争いが生じることが多いため、具体的に損害の範囲・金銭的評価について記載する場合もある。
・ その他、取引の実情に則した解除事由の検討が必要である。
なお、【書式例7】解除通知（196頁）も参照のこと。

第15条（有効期限）

1 本契約の有効期限は、平成〇〇年〇〇月〇〇日より平成〇〇年〇〇月〇〇日までとする。
2 前項の期間満了1ヶ月前までに、当事者の一方又は双方より書面による変更又は解約の申し入れのない場合には、本契約は更に1ヶ年自動的に更新されるものとし、以後も同様とする。

第16条（有効期間中の解約）

甲又は乙は、前条の有効期間中であっても、書面による3ヶ月前の予告をもって、本契約を解約することができる。

第17条（契約終了の効果）

1　契約が失効し又は解除若しくは解約された場合においても、その失効又は解除若しくは解約の時に現に存在する、本契約に基づく個別契約については、なお本契約の各条項はその効力を失わないものとする。
2　本契約が失効し又は解除若しくは解約された場合においても、本契約第○条、第○条及び第○条の権利義務は存続するものとする。

第18条（合意管轄）

本契約又は個別契約より生ずる権利義務に関する訴訟については、乙の本社所在地の地方裁判所をもって管轄裁判所とする。

第19条（別途協議）

本契約に定めのない事項及び本契約の解釈に疑義を生じたときは、別途協議の上、解決するものとする。

上記契約締結の証として本書2通を作成し、甲乙記名捺印の上、各1通を保有する。

以上

★ポイント
- 原本が2通作成されている。
- 原本の数に応じて印紙の貼付が必要となる。

2　動産売買契約（現状有姿売買）

【書式例3】　売買契約書

売買契約書

売主（以下、「甲」という。）と買主（以下、「乙」という。）とは、甲が所有する動産類（以下、「本物品」という。）につき、次の通り売買契約（以下、「本契約」という。）を締結する。

第1条（目的）
　甲は乙に対し、本物品を現状有姿で売り渡し、乙はこれを買い受ける。

> ★ポイント
> 　現状有姿とは、売買の目的物を引渡し時の状況のままで売り渡すことをいう。"as is（アズ・イズ）"、"現品渡し"などとも表現される。

第2条（本物品）
　本物品とは、東京都◇◇区○○町△－△所在の甲が倉庫会社Xより賃借しているA倉庫内にある甲所有のすべての動産類をいう。なお、甲はA倉庫内にある動産類はすべて甲の所有であることを乙に対して保証する。

> ★ポイント
> 　動産類を大量に売買する場合、物を個別に特定せずに、その所在場所等によって特定することがある。

第3条（売買代金）

本物品の売買代金は、総額で金＿＿＿＿＿＿＿＿＿＿円とする（消費税を含む）。

第4条（支払期限、支払方法）

乙は、甲に対して、以下の条件で、第3条に定める売買代金を支払う。
(1) 支払日
(2) 支払方法

第5条（引渡し）

甲は、第4条の支払日に、支払と引き換えに、本物品を乙に対して占有改定の方法で引き渡すものとする。引渡しは、民法184条による倉庫会社Xに対する指図による占有移転によって行うものとする。

★ポイント

- 動産における引渡しは、第三者に対する対抗要件である。「対抗要件」とは自らが権利者であることを第三者に対して主張できることを意味する。具体的には同一物品が二重に譲渡された場合における解決方法である。日本の民法においては売主・買主間の物件変動が意思表示にのみによって成立することから、二重譲渡の問題が生じ得る（AがXとYそれぞれに「売る」と約束してしまうことがある）。
- 引渡しには、現実に物品を引き渡す方法と意思表示によって引き渡す方法がある。上記は、倉庫から現実に物を引き渡すのではなく、倉庫会社へ今後は乙のために物品を保管するよう依頼し、倉庫会社がそれを承諾することによって、引渡しを行う方法である。指図による占有移転といわれる。

第6条（所有権移転）

　前条の引渡しをもって、本物品の所有権は甲から乙へ移転するものとする。

第7条（危険負担）

　引渡し前に生じた本物品の滅失・毀損による損害は、乙の責に帰すべきものを除き甲の負担とし、本物品の引渡し後に生じたこれらの損害は、甲の責に帰すべきものを除き乙の負担とする。

第8条（瑕疵担保責任）

　本物品の隠れた瑕疵について、甲は一切責任を負わないものとする。

> ★ポイント
>
> 　現状有姿売買であっても、民法の瑕疵担保責任が当然に除外されるわけではない。したがって、品質保証等を甲が一切行わない場合は、瑕疵担保責任を負わないことにつき定めを設ける必要がある。

第9条

　甲は、本契約書締結日より引渡しまでの間、本物品に対して保存・管理に必要な行為を除く一切の処分を行わないものとする。

> ★ポイント
>
> 　本契約では、物品の個数が特定されていないため、引渡し前に物品が売主によって勝手に処分されることのないよう、上記のような規定を設けている。

第10条（未規定事項等）

本契約に定めのない事項又は本契約の解釈につき疑義が生じた場合には、甲及び乙は誠意を持って協議し解決するものとする。

第11条（管轄）

本契約に関する訴訟については、乙の本社所在地を管轄する裁判所をもって第一審の専属管轄裁判所とする。

以上、本契約締結の証として、本書2通を作成し、甲・乙各々記名捺印の上、各1通を保有する。

以上

3 製造委託契約

【書式例4】 製造委託基本取引契約書

製造委託基本取引契約

株式会社X（以下、「甲」という。）とY株式会社（以下、「乙」という。）は、甲乙間の製造委託に関する取引に関し、次の通り基本取引契約（以下、「本契約」という。）を締結する。

第1章 総則

第1条（適用範囲）

1 本契約は、甲から乙に対して継続的に発注する物品（以下、「注文品」という。）に関する売買、請負等の一切の契約（以下、「個別契約」という。）に適用される。

2 本契約の適用の排除又は本契約と異なる事項の取り決めは、個別契

約その他甲乙間の書面による合意がある場合に限り効力を有する。
3 　個別契約に特有な事項については、当該個別契約においてその都度定める。

> ★ポイント
> ・　製造物供給契約の場合、発注に基づいて製品を製造し、販売するため、請負契約と売買契約の双方の性質をもつとされるため、上記のような表現がなされることが多い。
> ・　本契約は継続的取引であることを明記している例である。判例上、継続的取引関係を解除するためには、債務不履行の事実のほかに、やむを得ない事由を要することがある。

第2条（個別契約の成立）

1 　甲は乙に対して、甲の定める様式の注文書（以下、「注文書」という。）によって、個別契約の申込みを行う。
2 　乙は、注文書受領後5日以内に、当該申込に対する諾否を甲に通知する。乙の承諾の通知が甲に到達した時点で、注文書記載の注文品につき個別契約が成立する。
3 　乙が前項に定める期間内に当該申込の諾否を書面により甲に通知しない場合、その期間満了時に注文書記載内容の個別契約が成立する。

> ⚠ 下請法が適用される場合の注意点
>
> 【書面の交付義務】
> 　親事業者は下請業者に対し、発注に際し、公正取引委員会の定めるところによる事項をすべて記載した書面を直ちに下請業者に交付しなければな

らない（下請法3条）。

第3条（価格の決定）

1　注文品の単価は、甲乙協議の上個別契約にて決定する。この場合、甲は必要に応じ乙に対して見積書の提出を求めることができる。
2　前項の規定にかかわらず、甲及び乙は、個別契約の成立に先立ってその後の個別契約に共通に適用される注文品の価格につき予め合意することができる。

> ⚠️ **下請法が適用される場合の注意点**
>
> **【下請代金減額の禁止】【買いたたきの禁止】**
> 　下請法により親事業者の遵守事項として、下請代金減額の禁止、買いたたきの禁止が定められている（下請法4条1項3号・5号）。

第2章　支給・貸与

> ★ポイント
> 　支給・貸与に係る規定は製造物供給契約の大きな特徴である。支給材・貸与材の所有にかかる権利関係を明確にすることや、技術情報の漏洩防止などに配慮する必要がある。

第4条（原材料等の支給）

　甲は乙に対し、事前に乙と協議の上、乙が使用する原材料、部品、製品、半製品、副資材等（以下、総称して「支給材」という。）の全てを有

償または無償で支給することができる。有償・無償の有無、有償支給材の価格、支払条件等は甲乙間で別途協議の上定める。

> **⚠ 下請法が適用される場合の注意点**
>
> **【購入・利用強制の禁止】**
> 　正当な理由がないのに、親事業者が指定する物、役務を強制的に購入・利用させることは禁止されている（下請法4条1項6号）。
>
> **【有償支給材等の対価の早期決済の禁止】**
> 　製造委託の場合、有償で支給した原材料等の対価を、当該原材料等を用いた給付に係る下請代金の支払期日よりも早い時期に相殺したり支払わせたりすることが禁じられている（下請法4条2項1号）。

第5条（支給材の受領等）

1　乙は、甲または甲の指定業者から支給材の引渡しを受けたときは、甲に受領書を提出するものとする。
2　乙は、支給材に品質不良、又は数量の過不足を発見した場合は、直ちに書面により甲に通知し指示を受けるものとする。

第6条（支給材の所有権）

1　第5条に基づき甲から乙に有償で支給された支給材（以下、「有償支給材」という。）の所有権は、当該支給材の代金全額の決済時に甲から乙に移転する。
2　第5条に基づき甲から乙に無償で支給された支給材（以下、「無償支給材」という。）の所有権は、甲に帰属する。
3　無償の支給材を用いて製作した仕掛品及び完成品の所有権は甲に帰属する。但し、当該仕掛品又は完成品における乙による個別契約の履

行過程で付加された価値が、支給材の価格を著しく上回る場合はこの限りでない。

第7条（無償支給材の残材等の処理）
　乙は無償支給材の残材、及び乙が当該支給材を用いて製作が完了しなかった注文品の全部又は一部の処理については、別途、甲の指示に従うものとする。

第8条（機械・金型等の貸与）
1　甲は、必要に応じて甲の判断で、乙に機械・金型・工具・治具・測定器・図面・仕様書・見本・ソフトウェア等（以下、総称して「貸与品」という。）を貸与することができる。
2　貸与品の授受は、甲が指定する伝票又はこれに準じる書面により行うものとし、甲の求めに応じ乙は預り証を甲に交付し、また甲乙間で賃貸借契約書またはソフトウェア使用許諾書等必要な契約を取り交わすものとする。

第9条（支給材及び貸与品の取扱い）
1　乙は、善良な管理者の注意をもって支給材及び貸与品を保管・管理するものとし、他との混同を避けるため、保管上・帳簿上厳に区別しなければならない。また、甲の指示がある場合、その内容に従って保管・管理しなければならない。なお、乙に本契約第31条第1項に定める解除事由が生じるおそれがある場合、甲は支給材及び貸与品の保管場所や管理方法につき乙に指示することができ、乙は速やかにこれに従うものとする。
2　乙は、事前に書面により甲の承諾を得ない限り、支給材及び貸与品を他の目的に転用または第三者に譲渡・質入れ、貸与、閲覧その他本

契約の目的外の取り扱いをしてはならない。
3 乙は支給材及び貸与品について、第三者より差押え、仮差押え、仮処分等の処分を受け、またはそのおそれがあるときは、直ちに甲に通知するとともに、当該第三者に対しては支給材及び貸与材が甲の所有物であることにつき主張・立証し、差押え等を受けないようにするために必要な一切の措置を講じる。
4 支給材又は貸与材に付すべき損害保険については、甲乙協議の上、別途定めるものとする。
5 乙は、甲が正当な理由により返還を要求した場合、または、本契約が理由の如何を問わず終了した場合、乙の費用負担において速やかに甲に所有権のある支給材及び貸与品を甲の指示に従って返還する。乙が速やかな返還に応じない場合、甲又は甲の指示する者が、乙に事前に通知することなく、乙の事業所に立ち入り、自らこれらを搬出することができるものとし、乙は予めこれに同意する。

★ポイント
・ 支給材・貸与材が、乙の債権者によって差押え等されないよう、分別保管の義務を課している。物としての流出を防ぐほか、それと一体となった技術情報の流出を防ぐ目的である。
・ 5項は技術情報の流出を防ぐため、甲が通知することなく乙の事業所に立ち入り、運び出すことができる旨を定めている。しかし、特に緊急の必要性もないのに強行的にそのような手段をとった場合、状況によっては建造物侵入罪や窃盗罪が成立する可能性が理論上はあるため、注意を要する。そのような場面でも、可能な限り、乙の個別の承諾・乙の従業員の立ち会いの下で行うことが望まれる。

第10条（支給材、貸与品の調査及び棚卸し）

1 甲は、乙による支給材及び貸与品の使用、保管、管理等の状況を調査するため、予め通知の上、乙の事業所等に立ち入ることができる。
2 乙は甲の指示に従い、乙の費用負担において支給材及び貸与材の棚卸しを行うとともに甲の定める様式の棚卸し報告書を甲に提出する。また甲は棚卸しに立ち会うことができる。
3 乙が本契約第9条第2項に基づき支給材及び貸与品を第三者に譲渡、貸与等の処分をしているときは、乙は甲が当該第三者の事業所等への立ち入り検査ができるよう協力するものとする。また、乙は当該第三者に乙に対して棚卸報告書等を提出させ、乙に対してその写しを交付するものとする。

★ポイント
- 支給材、貸与材の不当な流出を防ぐための規定である。
- 事業所への立ち入りについては、事前の通知を要さないと記載する契約例もある。しかし、乙が甲以外の第三者と取引している場合、当該第三者にかかる営業秘密等の問題があるし、また、状況によっては建造物侵入罪が成立するリスクがあるため、事前の通知（または承諾）を要するとしたほうが安全である。個別の事情に応じて対応することになろう。なお、9条5項の場面では事前の通知を要しないとしているが、同項は任意の返還に応じない切迫した場面の対応を前提にしているので、本条のケースとは事情を異にする。

第11条（支給材及び貸与品の減失・毀損等）

1　乙は、支給材及び貸与品が減失・毀損又は変質等した場合は速やかに甲に書面により通知するものとし、甲の指示に従うものとする。

2　乙は、乙の責に帰すべき事由により、前項の減失・毀損又は変質等が生じた場合には、乙の負担において、修理・代品の提供等の措置をとるものとする。この場合、当該措置とともに甲の乙に対する損害賠償の請求を妨げないものとする。

第4章　納期、検収

第12条（納入）

1　乙は、個別契約に定める納期及び納入場所に注文品を納入するものとする。この場合、乙は納入時に納品書を甲に交付するものとする。

2　乙は、納期前に注文品を納入しようとするときは、予め書面により甲の承諾を得るものとする。

3　乙は、個別契約に定める納期に注文品を納入することができない場合、またはこれが予想される場合、直ちに書面によりその旨を甲に申し出て、甲の指示に従うものとする。また、当該納期の遅延により甲が損害を被った場合は、乙が賠償するものとする。ただし、本項による損害賠償請求権の行使は甲による本契約及び個別契約の解除を妨げない。

第13条（注文品の検査）

1　乙は、納品前に注文品につき厳密な自主検査を行うものとする。

2　甲は、乙より納入された注文品の品質・数量・荷姿等を甲所定の検査方法にて遅滞無く検査するものとし、当該検査の合格をもって検収完了とする。

　なお、甲が必要と認めるときは、甲は受入検査に代え、注文品の納

入前に乙の事業所又はその他注文品の所在地において、乙の立会のもと、甲所定の検査方法により注文品の検査を行うことができる。
3　前2項の規定は第19条に定める乙の責任を免除するものではない。

> ★ポイント
> ・　売主の乙自身にも契約上自主検査義務を課している例である。商法には買主の検査義務についての規定はあるが（商法526条）、売主の検査義務については規定がないためである。
> ・　「検収完了＝瑕疵担保責任の免除」ではないことを明記している。
> 　しかし、検収完了後に瑕疵担保責任の追及するような場合、瑕疵が実際に検収「前」に存在したかどうか（事後的に発生したのではないか）について争われることもあるので要注意である。

> ⚠ 下請法が適用される場合の注意点
>
> 【受領拒絶の禁止】
> 　発注後に親会社が恣意的に検査基準を変更し、従来の検査基準で合格とされたものを不合格とし、または取引の過程において、注文内容について下請業者が提案し、確認を求めたところ、親事業者が了承したので、下請業者がその内容どおりに作成したにもかかわらず、注文と異なるとしたような場合、禁止事項に該当する「受領拒絶」とされる（下請法4条1項1号）。

第14条（注文品の不足又は代品納入等）
　乙は、前条に定める検査の結果、数量不足又は不合格になったものに

ついて、甲の指示に基づき速やかに不足品若しくは代品の納入又は不合格品の修補等を行わなければならない。これに伴う納期の遅延により甲が損害を被った場合は、乙が賠償する。

第15条（不合格品又は過納品の処分）
1　第13条に定める検査の結果、注文品に不合格又は過納品が生じた場合は、乙は甲の指示する期限内にこれを引き取らなければならない。
2　乙が前項の期限内に不合格品または過納品を引き取らない時は、甲はこれを乙に返送または乙の承諾を得て処分することができる。この場合、処分までの保管費用及び処分費用は乙の負担とする。
3　不合格品又は過納品を保管する間に、これらの全部又は一部が滅失・毀損又は変質した場合は、その損害は乙の負担とする。

！下請法が適用される場合の注意点

【返品の禁止】
　通常の検査で直ちに発見できた瑕疵を相当期間経過後に返品した場合や、通常の検査で発見できない瑕疵で相当期間経過後に発見された瑕疵について、その瑕疵が下請業者の責任によるものであっても、受領後6か月を越えて返品した場合等は、返品禁止違反となる（ただし、一般消費者に対して6か月を超えて品質保証期間を定めている場合には、その保証期間に応じて最長1年以内であれば返品可能（下請法4条1項4号））。

第16条（特別採用または過納品買取）
1　甲は第13条に定める検査の結果、不合格となったものであっても甲の工夫により使用可能であると判断した場合、当該不合格品を引き取ること（以下、「特別採用」という。）ができる。

2 　甲は第13条に定める検査の結果、過納であることが判明しても、甲の裁量により当該過納品を引き取ることができる。
3 　前2項の場合の物品の引き取り価格は、甲乙協議の上定める。
4 　特別採用品及び過納品は、前2項に基づき引き取ることを甲が乙へ通知することをもって検収の完了とする。
5 　特別採用品については、不合格となった部分についてのみ第19条に係る責任が免除されるものとする。

> ★ポイント
> 　特別採用の場合、不合格な部分があることを認識のうえ、採用するものであるから、不合格部分については瑕疵担保責任を追及しないことについて、5項で明記している。

第17条（所有権の移転）

　注文品の所有権は、第13条2項又は第16条4項の検収完了の時点で、乙から甲へ移転する。

第18条（危険負担）

　甲乙いずれの責めにも帰さない事由による注文品の全部又は一部の滅失、毀損、変質等の危険は、前条の所有権の移転前は乙が、移転後は甲の負担とする。

第5章　瑕疵担保責任及び製造物責任

第19条（品質保証責任、瑕疵担保責任）

1 　乙は、注文品が個別契約に定める仕様及び通常有すべき品質、性能

を備えていることを保証する。
2 甲は第17条の規定により乙から甲へ注文品の所有権が移転した後1年以内に、注文品に瑕疵を発見した場合は、書面をもって乙に通知するものとする。
3 前項の場合、甲は、瑕疵ある注文品に対する代品の納入、瑕疵の修補又は代金の減額を乙に請求することができるものとする。併せて当該瑕疵に基づき甲の被った損害の賠償を乙に請求できるものとする。
4 第2項に定める期間を経過した後といえども、注文品の瑕疵が明らかに乙の責に帰すべき事由により生じたものである場合は、乙は甲の被った損害を賠償する責を負うものとする。

第20条（品質保証体制）
1 乙は、注文品について、甲の品質保証要求を満足すべく、品質管理に万全を期すものとする。
2 甲が請求する場合、乙は速やかに甲に対し書面により乙の品質管理体制について報告を行なう。また、乙は、別途甲乙間で定める注文品に関する法令・規制・安全に関する規格及び環境関連物質に関する基準等に従うものとし、当該基準等に関して甲が要求する資料等を甲の指示に従って提出するものとする。
3 乙は、注文品にかかる製造場所・製造方法・製造工程その他合意した事項の変更を行う場合は、当該変更が注文品に与える影響につき十分に検証を行い、品質の保持に必要な措置を講ずるものとする。当該変更が甲が別途指定する重要事項の変更に該当する場合は、あらかじめ甲にその旨を連絡し、その承諾を得るものとする。

第21条（製造物責任）
1 乙は、注文品について製造物責任法に定める欠陥が存在しないよう、

注文品の設計、原材料の調達、製造、検査その他全ての工程において十分な対策を講じるものとする。

2　甲及び乙は、注文品の欠陥により、第三者の生命、身体若しくは財産に損害が生じ、又は生じるおそれがあると認めた場合、又は第三者から当該指摘を受けた場合、直ちに相手方に通知し、互いに協力して、欠陥の除去及び損害発生防止その他その解決にあたるものとする。

3　注文品の欠陥により第三者の生命、身体若しくは財産に損害が生じ、当該損害が乙の責めに帰する欠陥によって発生した場合は、乙が補償の責めを負うものとする。また、当該損害に関連して甲にも損害、費用等が発生した場合には乙は甲に対して損害等を補償するものとする。

第6章　支払

第22条（支払）

1　甲は、別途甲乙間で定める支払条件により乙より引渡しを受けた目的物の代金を乙に支払うものとする。

2　乙は、別途甲乙間で定める支払条件により甲より引渡しを受けた支給材の代金を甲に支払うものとする。

!　下請法が適用される場合の注意点

【支払期日を定める義務】

　親事業者は、支払期日を物品等の受領日から60日以内に定めなければならない（下請法2条の2）。

【支払遅延の禁止】【遅延利息の支払い】

　支払期日までに支払いを為す義務があり、遅延した場合、年率14.6％の遅延利息を支払わなければならない（下請法4条1項2号・4条の2）。

【割引困難な手形の交付の禁止】

一般の金融機関で割引を受けることが困難であると認められる手形を交付してはならない（下請法4条2項2号）。

第23条（相殺）

甲又は乙は、本契約に基づくもの以外でも相互に債権を有する場合、その債権の弁済期にかかわらず、これを対等額において相殺することができる。

> ⚠ 下請法が適用される場合の注意点
>
> 【有償支給材等の対価の早期決済の禁止】
> 製造委託の場合、有償で支給した原材料等の対価を、当該原材料等を用いた給付に係る下請代金の支払期日よりも早い時期に相殺したり支払わせたりすることが禁じられている（下請法4条2項1号）。

第7章　一般事項

第24条（指導・援助）

1　甲が必要とする場合、又は乙が要求する場合、甲は乙に対して甲が必要であると判断した範囲において、注文品の製造上・技術上及び品質管理上の指導・援助等を行うことができる。
2　乙は、甲から前項の指導・援助等を受けた場合は、速やかに誠意を持ってこれを検討し、実施するものとする。

第25条（知的財産権）

1　乙が甲の注文品に関連して特許権、実用新案権、意匠権、商標権等の産業財産権の出願を行う場合には、事前にその旨及びその内容を甲

に通知し、その出願についての承諾を得るものとする。
2　前項により出願された産業財産権の帰属は、次の各号の基準に従う。
　(1)　甲から乙に貸与、支給された図面・資料等から容易になし得る発明考案等の場合については甲に帰属する。
　(2)　打合せ又は共同して研究開発を行ったものについては、甲・乙共有とする。但し、その持分割合については、甲・乙協議により定める。
　(3)　前号以外の場合は、乙に帰属する。
3　前項の帰属について明白でないものについては、甲・乙協議の上でこれを決定する。
4　本条第2項第3号に基づき乙の単独に帰属した産業財産権については、当該産業財産権の存続期間中、甲及び甲が指定した第三者に無償の通常実施権を許諾する。
5　注文品に関してソフトウェア、回路配線図などの著作物が発生する場合、前4項の規定に準じ、甲乙協議の上、その取り扱いを定める。

第26条（第三者の産業財産権の侵害）

1　乙は目的物又はその製造、製造工程、使用、販売等が、第三者の知的財産権を侵害しないよう細心の注意を払うものとする。
2　前項にかかわらず、万一知的財産に関する問題が発生した場合又は発生するおそれがある場合は、乙は直ちに甲に書面にて通知する。乙は当該問題につき自己の費用と責任でこれを解決するものとし、甲に一切の損害を及ぼさない。ただし、当該問題の発生が甲の要求仕様又は指示に基づく場合はこの限りではない。この場合においても乙は可能な限り甲に協力するものとする。
3　前項により知的財産による問題の処理を乙の責任で行う場合でも、甲は、自己の判断により、第三者との交渉その他の紛争解決処理に自

らあたることができる。この場合においても、乙は可能な限り甲へ協力するものとする。

第27条（機密保持）
1 　甲及び乙は、本契約又は個別契約により知り得た相手の技術上・営業上・業務上の一切の機密情報について、厳重に保管・管理し、事前に書面による相手方の承諾を得ないで第三者に貸与、提供し、若しくは閲覧させ、又複写、複製してはならない。
2 　前項の規定は、秘密情報の提供された時期・その媒体等提供手段、方法にかかわらず適用される。
3 　前２項は以下の各号の一に該当する情報については適用しない。
　(1) 開示を受ける以前に公知であった情報
　(2) 開示を受ける以前に既に保有していた情報
　(3) 正当な権限を有する第三者から守秘義務を負うことなく知得した情報

第28条（権利義務の譲渡）
　乙は事前に書面による甲の承諾を得ずして、本契約及び個別契約上の地位権利、義務の全部又は一部を第三者へ譲渡若しくは担保に供してはならない。

第29条（再委託の禁止）
　乙は、事前に書面による甲の承諾を得ずして、本契約及び個別契約の全部又は一部の履行を第三者に再委託してはならない。甲の事前の承諾を得て再委託する場合、乙は支払条件及び甲が別途指定する事項を除き、本契約及び個別契約にて、乙が甲に対して負う義務と同一の義務を当該第三者が負う旨を記載した書面を当該第三者より取得し、その写しを甲

に提出する。なお、甲の事前の承諾ある場合の再委託であっても、乙は本契約及び個別契約により甲に対して負担する義務を免れない。

第30条（製造・販売の禁止）

乙は、事前に書面による甲の承諾を得ずして、注文品を自己又は第三者のために製造してはならず、また第三者へ販売してはならない。

第8章　契約解除

第31条（契約の解除）

1　甲又は乙は、相手方が次の各号の1に該当したときは、何等の催告無しに本契約及び個別契約の全部又は一部を解除することができるものとする。
  (1)　金融機関からの取引停止の処分を受けたとき
  (2)　監督官庁より、営業の取消し・停止等処分を受けたとき
  (3)　第三者より仮差押え・仮処分・差押え・強制執行、公租公課の滞納処分、競売等の処分を受けたとき
  (4)　破産の申立て・特別清算開始の申立て・民事再生手続開始の申立て及び会社更生手続開始の申立て又は任意整理手続への着手の事実が生じたとき
  (5)　事業の全部若しくは重要な一部の事業の譲渡・会社分割・解散又は合併の決議をしたとき
  (6)　財産状態が悪化し、またはそのおそれがあると認められる相当の事由があるとき
  (7)　取引を継続しがたい客観的な事由があるとき
2　甲又は乙は、相手方が本契約又は個別契約に違反したときは、書面をもって契約の履行を催告し、相当の期間を経過しても契約が履行さ

れないときは、本契約又は個別契約の一部又は全部を解除することができる。
 3　前2項に定める解除事由が相手方に生じたときは、当該相手方が解除権者に対して負う一切の債務につき当然に弁済期が到来したものとみなす。

第32条（残存義務）
　本契約の解除又は期間満了後においても、次の各条項はそれぞれに定めるところに従い引き続き有効とする。
　第○、○、○

第9章　協議解決

第33条（協議解決）
　本契約及び個別契約の規定に関する疑義、またこれらの規定に定めのない事項については、別途甲乙協議して解決するものとする。

第34条（合意管轄）
　本契約又は個別契約に関し、甲乙間に紛争を生じた場合には、東京地方裁判所をもって専属的合意管轄裁判所とする。

第10章　有効期間

第35条（有効期間）
　本契約の有効期間は、契約締結の日から1年間とする。ただし、期間満了の1ヶ月前までに甲又は乙から書面による変更、解除の申し出がない時は、本契約と同一条件で自動的に1年間継続するものとし、その後も同様とする。

本契約の成立を証するため、本書2通を作成し、甲乙記名捺印の上各1通を保有する。

以上

4 金銭消費貸借契約

【書式例5】 金銭消費貸借契約書

金銭消費貸借契約書

　X株式会社（以下、「甲」という。）と株式会社Y（以下、「乙」という。）は、甲乙間の金銭消費貸借契約の締結につき、以下のように合意する。

第1条（金銭消費貸借契約）

　乙は甲に対し、平成○年○月○日に、下記条件により、甲の運転資金として金300万円を貸し付け（以下、「本貸金」という。）、甲はこれを受領した。

【条件】

1　弁済日：平成○年○月○日とする。
2　利息：年○○％（年365日の日割計算）
3　利息支払時期：○○
4　遅延損害金：年○○％（年365日の日割計算）

★ポイント
- 目的が運転資金であることが明記されている。
- 利息および遅延損害金につき、利息制限法の規制に注意すること（146頁〜147頁参照）。

・ 利息の支払方法としては、弁済日にまとめて支払う方法、月々支払う方法等がある。

第2条（期限の利益喪失）

　以下の場合、甲は当然期限の利益を失い、乙の請求に基づき、元利金を一時に支払う。

(1) 甲が第三者から差押え若しくは仮差押えを受け、又は破産その他信用不安に陥ったとき
(2) 甲に以下の事実が生じたとき
　① 手形交換所の不渡り処分を受けたとき、または支払停止状態に至ったとき
　② 第三者から仮差押え、仮処分、強制執行等を受け、又は破産手続開始、民事再生手続開始または会社更生手続開始の申立てをしたとき
　③ 解散又は合併その他事業の重要な変更事項を乙の承諾なく決議したとき
　④ 財政状態が著しく悪化し、または悪化するおそれがあるとき
(3) その他本契約に違反したとき

★ポイント

　149頁参照。期限の利益の喪失条項は金銭消費貸借契約には必須の条項である。

第3条（担保）

　甲は本契約に基づき乙に対して負う一切の債務を担保するため、別紙記載の不動産につき、乙のために抵当権を設定するものとし、別途抵当権設定契約を締結する。

> ★ポイント
> 　抵当権設定契約のポイントは149頁のとおり。

第4条（公正証書の作成）

　甲は乙の請求があった場合は、直ちに本契約に基づく債務について強制執行の認諾がある公正証書を作成するために必要な手続をする。これに要する費用は乙が負担する。

> ★ポイント
> 　強制執行認諾文言とは、80頁で記載したとおり、「本契約に違反した場合には強制執行をされても異議を申し立てない」等の強制執行認諾文言のことである。公正証書にこの文言があると、債務者が金銭債務の支払いを怠った場合、裁判所の判決などを待たないで直ちに強制執行手続に移ることができる。
> 　なお、金融業者などは、まず公正証書を作成し、抵当権を設定した後に、現実に金銭を交付することがある。

第5条（紛争の解決）

　本契約に関する訴訟については、乙の本社所在地を管轄する地方裁判所をもって第一審の専属管轄裁判所とする。

以上、本契約締結の証として、本書2通を作成し、甲・乙各々記名捺印の上、各1通を保有する。

以上

5　秘密保持契約

【書式例6】　秘密保持契約書

秘密保持契約書

　甲と乙は、Aプロジェクト（以下、「本件検討作業」という。）を実施するために、両当事者間で互いに開示される（第1条にて定義される）秘密情報の権利帰属、秘密の保持及び使用の条件について、次の通り合意する。

第1条（秘密情報）
1　本契約において秘密情報とは、本件検討作業実施のために、書面、口頭又はその他の伝達媒体により、秘密であることを明示して両当事者間で開示される情報を総称していう。なお、秘密情報の開示当事者を情報開示者、秘密情報の受領当事者を情報受領者という。
2　前項の規定にかかわらず、次のいずれかに該当することを情報受領者が証明することができる情報は、秘密情報に含まれない。
　(1)　開示の際に既に公知であった情報及び開示後情報受領者の責に帰すべき事由によらずに公知となった情報
　(2)　情報受領者が開示の際に既に適法に有していた情報
　(3)　情報受領者が、第三者から適法に取得した情報（但し、当該第三者及び情報受領者が各々情報開示者に対し秘密保持の義務を負っていな

い情報に限る。)
　(4)　情報受領者が秘密情報を使用することなく独自に開発した情報
3　全ての秘密情報及びその媒体は、情報開示者若しくは情報開示者の関係会社又はこれらに対する使用許諾者の所有権若しくは知的所有権の対象であり、又は対象となり得る有形財産若しくは無形財産であり、情報受領者は、秘密情報に関し、本契約に基づき付与された権利を除き、何らの権利も有するものではないものとする。
4　情報開示者は、秘密情報を情報受領者に現状のまま開示し、その正確性等について、明示的にも暗示的にも、何らの保証も行わないものとする。

> ★ポイント
>
> 　秘密情報として扱われるためには、「秘密であることを明示しなければならない」とする例である。秘密の明示方法について契約書にあえて記載せず、別途定める場合もある。

第2条（秘密保持）
1　情報受領者は、自己の情報を管理するのと同じ注意義務を（但し、善良なる管理者の注意義務以上の高度の注意義務）をもって、秘密情報の秘密を保持するものとし、本件検討作業を実施するために必要な自己の役員及び従業員並びに弁護士、会計士、コンサルタント等の情報受領者が本件検討作業のために依頼する専門家（以下、総称して「従業員等」という。）以外の第三者に対して秘密情報を開示、漏洩、提供してはならないものとする。さらに情報受領者は、秘密情報を、本件検討作業を実施するためにのみ使用できるものとし、その他の目的には、一切使用してはならないものとする。

2　情報受領者は、従業員等に秘密情報を開示する場合であっても、本件検討作業を実施するために秘密情報に接する必要のある者だけに限定して開示するものとし、それ以外の者には開示してはならないものとする。情報受領者は、本項の規定によって秘密情報の開示を受けた従業員等が本契約の定めに違反することを防ぐために、秘密保持契約を締結する等の合理的に必要な措置を講じなければならない。

3　情報受領者は、本件検討作業に合理的に必要な場合以外に情報開示者から開示された秘密情報の媒体からその複写、被製物を作製してはならず、作製できる場合も合理的に必要最小限の部数に止め、またこれらの情報を本件検討作業以外の業務に転用・流用してはならない。

4　本条の規定にかかわらず、情報受領者は、秘密情報を開示すべき法律上の義務がある場合には、法律上必要とされる範囲内でのみこれを開示することができる。この場合には、情報受領者は、情報開示者に対し、秘密情報の開示が必要とされる旨、開示が必要とされる根拠及び開示先を、開示に先立ってできる限り速やかに通知しなければならない。

5　情報受領者は、秘密情報が無断で開示、漏洩されれば、情報開示者に確定困難な回復不能の損害及び権利障害が惹き起こされるおそれがあることを認識しており、情報受領者は、当該損害が生じた場合、○○円を下限とする損害賠償義務を負う。なお、現実の損害がそれを超える場合はそれについても賠償義務を負うものとする。

★ポイント

1　1項で、情報管理における注意義務につき、「善良なる管理者の注意義務以上の高度の注意義務」として、その義務の程度を表現している。

2　1項・3項で非開示という不作為義務を、2項では従業員管理等の

作為義務を定めている。
3 5項において、損害賠償額の下限を設けている。不正競争防止法などでは損害額の推定規定があるが（不正競争防止法5条）、それ以外の情報の場合は、あらかじめみなし規定を設けるのも1つの方策である。

第3条（著作権の帰属）

情報受領者による本件検討作業実施のために情報開示者が直接若しくは間接的に情報受領者に提供する一切の著作物についての著作権は、情報開示者若しくは情報開示者の関係会社又はこれらに対する使用許諾者に帰属するものとする。

第4条（秘密情報の返還、廃業）

情報受領者は、本件検討作業の実施中情報開示者から要求があった場合、本契約が終了した場合、又は本件検討作業が完了した場合には、情報開示者から開示を受けた秘密情報の使用を直ちに中止し、情報開示者の指示に従って直ちに、秘密情報を含む書類、図面、写真、フィルム、テープ、ディスク等の媒体（情報受領者が作成した複製物を含む）を情報開示者に返還し、又は情報開示者の指示に従って当該媒体について廃棄、記録の消去等の措置を講じなければならない。

第5条（有効期間）

1 本契約は、平成○年○月○日に効力を発し1年間有効に存続するものとする。
2 前項の定めにかかわらず、第2条に定める秘密保持義務は本契約終了後も5年間引き続き有効に存続するものとする。

> ★ポイント
> 　秘密保持期間が5年と比較的長いケースに該当する。それだけの価値を有する秘密情報であることが要求されよう。

第6条（譲渡禁止等）

　いずれの当事者も、他方の書面による事前同意なく本契約、本契約に基づく権利義務を第三者に譲渡することはできない。本契約の修正、変更は、両当事者の書面による合意による場合のみ有効とする。

第7条（協議）

　本契約に定めのない事項及び疑義を生じた事項は、両当事者が誠実に協議の上、友好的に解決するよう努力する。

第8条（裁判管轄）

　本契約に関する紛争については、東京地方裁判所を第一審専属管轄裁判所とする。

　上記の証として、両当事者は、本契約を2通作成し、記名捺印の上、各自1通保有する。

以上

6 解除通知

【書式例7】 解除通知

解除通知

X株式会社
代表取締役　甲川太郎殿

前略

　当社は貴社との間で平成19年1月30日付で業務委託契約（以下、「本契約」といいます。）を締結いたしましたが、平成19年6月30日以降、貴社は本契約○条の義務を履行されず、その後、当社より幾度となく口頭および書面にて催告いたしましたが、何らご対応いただけないまま、現在に至っております。

　つきましては、本契約○条及び民法の債務不履行に関する規定に基づき、本通知書をもって本契約を解除いたしますことを通知いたします。

　本契約締結に際し、貴社へ無償で貸与しておりました添付別紙の資料一式につきましては、本通知書到着後3日以内に速やかに、下記宛てにご返還ください。

　また、本契約○条及び民法○条の規定に基づき、貴社に対して、金○○○○円を損害賠償金として貴社に請求いたしますので、速やかに下記口座宛て振込にてお支払い下さい。

記

資料返還先：
賠償金振込先：

草々

平成19年9月30日

Y株式会社

代表取締役　乙山次郎

★ポイント

① 解除契約ではなく、一方からの通知による解除の例である。内容証明郵便にて通知されるのが通常である。

② 解除対象となる契約については、必ず日付、契約のタイトル等で特定する。

③ 解除に至った事情についてもできるだけ具体的に記載することが望ましい（ただし、解除事由が限定的に解釈されないように注意する必要がある）。

④ 契約の中に解除に係る条項がある場合はそれを記載する。ただし、解除事由が同時に民法の規定にも該当する場合はそれもあわせて記載しておくほうが、解除事由の有無等について争いが生じた際に柔軟に対応できる可能性がある。

⑤ 解除にあたって、一定期間の事前の通知が必要とされていないか注意する。

⑥ 事前の通知が必要とされていなくとも、日付は必ず記載する。いつの時点で解除の効力が発生するかを確認する目安になる（通知は到着しないと効力が生じない）。また、上記では、9月30日という日付を明記することで、6月30日の債務不履行以降、3か月間は、Y社が解除をせずに努力したという証拠も残る。

⑦ 解除通知には、解除に伴う処理（貸与物の返還や損害賠償請求等）もあわせて記載されることが多い。

7 債権譲渡通知

【書式例8】 債権譲渡通知・承諾書

債権譲渡通知

平成○○年○○月○○日

(債務者)
丙株式会社
代表取締役　ABC 殿

(債権譲渡人) 甲株式会社
代表取締役　X

前略

　当社は、当社が貴社に対して有する下記債権を、平成○○年○○月○○日をもって、下記の新債権者に債権譲渡することを本書をもって通知いたします。

草々

記

【債権の特定】
　　　　債権の内容　平成○○年○月○日付売買契約に基づく当社の貴社に対する売掛債権
　　　　金　　額
　　　　支払期日

【債権譲受人（新債権者）乙株式会社】
　　　　住所
　　　　会社名
　　　　代表者

承諾書

（債権譲渡人）

甲株式会社　代表取締役　X殿

　弊社は、貴社の乙株式会社に対する、平成〇〇年〇〇月〇〇日付下記の債権譲渡に異議なく承諾します。

記

債権の内容：平成〇〇年〇月〇日付売買契約に基づく、貴社の弊社に対する売掛債権

金　　額：

支払期日：

以上

（債務者）

丙株式会社

代表取締役　ABC

★ポイント

① 　債権譲渡とは、債権の売買のことである（有償の場合）。したがって、売買契約において目的物の特定が重要であるのと同様に、譲渡される債権を明確にする必要がある。

　　なお、「債権譲渡登記に譲渡債権の発生年月日の始期は記録されているがその終期が記録されていない場合には、当該債権譲渡登記に係る債権譲渡が数日にわたって発生した債権を目的とするものであったとしても、債権譲受人は、当該債権譲渡登記をもって、始期当日以外の日に発生した債権の譲受けを債務者以外の第三者に対抗することができない」とした判例もある。債権の特定の重要性をあ

らためて認識させられる（最一小判平成14・10・10民集56巻8号1742頁、判タ1109号134頁）。

② 債権譲受人（新債権者）が債務者に対して自らが債権者であると主張するためには、債権譲渡人（旧債権者）から債務者に対して債権譲渡通知をするか、債務者が債権譲渡を承諾する必要がある（民法467条1項）。

③ 債務者への通知は譲渡人が行わなければならない。譲受人が代理で行うことは許されない。譲受人からの通知でもよいとすると、振り込め詐欺ではないが、「債権を譲り受けたから、こちらへ支払え」などと騙る架空の債権者が登場しかねないからである。

④ 債務者が単なる承諾ではなく、「異議を留めず」に承諾した場合は、債権譲渡人（旧債権者）に対して債務者が主張できる事由、たとえば「すでに弁済している」「一部相殺した」というような事情があったとしても、債権譲受人（新債権者）に対して主張できない（民法468条）。

⑤ 債務者に対する通知または債務者からの承諾を「確定日付のある証書」で行った場合は、第三者（たとえば、債権の二重譲受人や債権の質権者等）に対しても自らが債権譲受人（新債権者）であることを主張できる。

⑥ 「確定日付」とは、変更のできない確定した日付のことを意味する。民法施行法5条は確定日付の種類を定めるが、代表的なものが公証人による付与（公証人が私書証書に日付のある印章（確定日付印）を押すもの）と内容証明郵便である。

⑦ 第三者が多数存在する場合の通知の手間を省くため、金銭債権譲渡の場合は、確定日付のある通知・承諾なくとも、「債権譲渡登記所」に登記することにより、第三者に対抗することができる（動産及び債権の譲渡の対抗要件に関する民法の特例等に関する法律4条）。

8 和　解

　和解については、これまで本書においてほとんど触れていないため、以下、簡潔に定義等を説明したうえで、モデル契約を紹介する。

(1) 定　義

　和解とは、当事者が互いに譲歩としてその間に存する争いをやめることを約することをいう（民法695条）。

　そして、「当事者間の法律関係に争いがあることが前提で、争いがない以上、たとえその法律関係を確定するための契約であっても和解契約はいえない」とするのが判例の立場である（大判大正5・7・5民録22輯1325頁）。

　なお、和解と似た概念に「示談」がある。交通事故で賠償額を確定する際などによく用いられる。和解が民法上で定義されている概念であるのに対し、示談についてはそのような定義がない。この点、判例は「示談の語字は和解を意味するほか、一方のみがその主張を放棄し、または減殺して裁判によらないで、事が完結することも意味する」（大判明治41・1・20民録14輯9頁）とし、和解との違いとして「互譲（互いに譲る）」がない場合をも含む概念とする。

　いかなる事項についても和解で処理できるわけではなく、その内容は一般的に有効な法律行為に関するもので、当事者が自由に処分できるものであることが必要である。たとえば、公序良俗違反に反するような内容についての和解はできないし、また、公法上の境界線はどこか、といった当事者が勝手に決めることができない事項についても和解の対象にならない（所有権の確認であれば対象になる）。

(2) 和解の種類——裁判上か裁判外か

　和解の種類はそれが裁判上で行われるか、裁判外かで分類される。

第3章　具体的検討例

「裁判上の和解」とは、文字どおり、裁判所の関与の下で行われる和解のことである。そのうち、訴訟が係属した後に行われるのが「訴訟係属後の和解」、訴えを提起する前に裁判所の関与の下に行われるのが「起訴前和解」である。実務では起訴前和解を「即決和解」と呼ぶのが通例である。

即決和解については、和解の申立てをする前に当事者間にすでに合意が成立していることが一般的であり、債務名義を作成する目的で裁判所（簡易裁判所）を利用しているのが実情である（債務名義をとっておくと、債務不履行の場合、直ちに強制執行ができるという利点がある。また、簡易裁判所の費用が比較的低額であることもよく利用されている理由である）。

裁判上の和解──訴訟係属後の和解（民事訴訟法264条・265条）
　　　　　　　　訴え提起前の和解（即決和解）（民事訴訟法275条）
裁判外の和解──民法上の和解契約（民法695条）

以下、貸金に係る和解契約書のモデルを用いて、和解契約の主なポイントにつき簡単に説明する。

【書式例9】　和解契約書──金銭消費貸借契約

和解契約書

　〇〇を甲とし、△△を乙として、甲及び乙は、甲の乙に対する債務に関し、以下の通り和解する。

第1条　甲は、乙に対し、甲乙間の平成〇〇年〇〇月〇〇日付消費貸借契約に基づく金1000万円の借受債務のあることを確認する。

> ★ポイント
>
> 　確認条項といわれる。特定の権利や法律関係の存在または不存在について確認する条項である。確認の対象となる権利や法律関係を具体的に特定することが重要である。11頁で述べたが、特定が不十分であったため和解が無効になった判例も存在する。
>
> 　なお、和解においては、現在の事実にとどまらず、過去の事実についても確認することができる。

第2条　甲は乙に対し、前条の金員を以下の通り分割して、乙の指定する銀行口座（○○○銀行○○○支店　普通預金　口座番号○○○○○　名義「○○○○」）に振り込む方法により、支払う。

① 　平成○○年○○月より平成○○年○○月まで毎月15日限り金1,000,000円宛

② 　平成○○年○○月○○日限り金3,000,000円

> ★ポイント
>
> 　給付条項といわれる。当事者が相手方に対し、特定の給付をすることを合意する条項である。金銭給付の場合は確定金額を記載するのが通常である。
>
> 　確定金額を記載できない場合は計算方法を示す場合もあるが、当該計算から一義的に金額が導かれるように記載する必要がある。

第3条　甲が、前条の支払を怠り、滞納額が金1,000,000円に達した場合には、当然に期限の利益を喪失し、甲は乙に対し、第1条の金員から既払金を控除した残金及びこれに対する期限の利益喪失の

日の翌日から支払済みに至るまで年12パーセントの割合による遅延損害金を一括してただちに支払うものとする。

> **★ポイント**
>
> 過怠約款といわれる。債務者が支払いを怠った場合、期限の利益を喪失させ、残額の全額につき即時に支払わせることにする制裁約款である。

第4条 甲乙間には、本和解条項に定めるほか、何らの債権債務関係も存在しないことを、甲乙相互に確認する。

> **★ポイント**
>
> 清算条項といわれる。和解の対象となった権利または法律関係については、和解の成立後は不問に付し、紛争をむしかえさない旨の合意である。

⑨ その他（内容証明・公正証書）

(1) 内容証明

ア 内容証明郵便制度とは

「いつ、誰から誰に対して、どのような内容の文書が差し出された」かにつき、日本郵便が証明する制度である。

日本郵便は5年間、差出人が作成した謄本を保存することで、内容文書の

存在を証明する（文書の内容が真実であるかどうかの証明ではなく、文書の存在の証明である）。

貸金の返還請求や解除通知など、遅延利息との関係や効力の発生時期との関係で「いつ」が重要な意味をもつケースで多用される。また、訴訟の際は、証拠としてたびたび提出される。加えて、内容証明郵便は普通郵便に比べて相手に心理的圧迫を与える効果があるため、紛争の拡大を予防する効果もあるとされている。

イ　差出方法

集配郵便局または指定されている無集配郵便局へ以下の書類等を差し出す。すべての郵便局で受け付けているわけではないので注意すること。

① 　内容文書（受取人へ送付するもの）
② 　①の謄本2通（差出人および郵便局が各1通ずつ保存するもの）
③ 　差出人および受取人の住所氏名を記載した封筒

①②については、用紙の大きさ、記載用具が問われないため、ワープロ・パソコンで作成したりコピーしたものでもよい。

なお、内容文書以外の物（図面や参考資料等）を同封することはできない。

ウ　書式・体裁等

(ア)　字　数

縦書きの場合　　1行20字以内、1枚26行以内
横書きの場合　　1行20字以内、1枚26行以内
　　　　　　　　1行13字以内、1枚40行以内
　　　　　　　　1行26字以内、1枚20行以内

(イ) 使用可能文字等

① 仮名
② 漢字
③ 数字
④ 英字（固有名詞に限る）
⑤ 括弧（括弧は全体として1字とする。例：「秘密」（3字））
⑥ 句読点
⑦ その他一般に記号として使用されるもの（記号は1個1字とする。例：％（1字）、kg（2字））

(ウ) 訂正方法

訂正・挿入・削除するときは、その字数および箇所を欄外または末尾の余白に記載し、差出人の印を押す。

(エ) 契印

謄本の枚数が2枚以上になるときは、各頁の綴り目に契印する。
その他、内容証明郵便のその他の注意点・郵便料金等については、日本郵政グループのホームページ〈http://www.post.japanpost.jp/service/fuka_service/syomei/〉を参照のこと。

エ　電子内容証明

電子内容証明制度とは郵便局の窓口に行かなくとも、パソコンのワープロソフトで文面を作成し、郵便局の電子内容証明システムに送信することで内容証明郵便を利用できる制度である。同内容の文書を複数に送る際などには非常に便利である。製本・契印の手間も省ける。
ただし、まれにシステムトラブルが発生することがあり、また、使用して

いるパソコンの環境によっては利用できない場合があるので注意を要する。

詳しくは〈http://enaiyo.post.japanpost.jp/mpt/〉を参照。なお、会員登録をする必要がある。

(2) 公正証書

公正証書は、公証人が法律に従って作成する公文書である。その大きな特徴は、証明力が高いこと、および強制執行認諾付きであれば裁判所の判決を待たずに直ちに強制執行手続に移ることができる点である。

ちなみに公証人は元裁判官や検事、法務事務官などを長く務めた者の中から法務大臣が任免する。

なお、前記(1)記載のとおり、「内容証明郵便」は文書の存在のみの証明であり、文書内容には一切関知しないが、公正証書については、公証人はその内容につき、法令に反した事項や無効の法律行為等の記載がないかどうかを審査し、違法、無効等の事由があるとの具体的な疑いがあれば、関係人に注意をし、必要な説明をさせることになっている。

ア　ビジネス契約における利用場面

ビジネス契約においては、金銭消費貸借契約などで強制執行認諾付条項を設ける際に公正証書を利用する。

また、債権譲渡の際に必要となる「確定日付」の付与を受ける場合も利用する（債務者に対する通知または債務者からの承諾を「確定日付のある証書」で行った場合は、第三者（たとえば、債権の二重譲受人や債権の質権者等）に対しても自らが債権譲受人（新債権者）であることを主張できる）。

加えて、公正証書の高い証明力を利用して、「事実実験公正証書」を作成してもらうこともある。

事実実験公正証書とは、公証人が視覚や聴覚などの五感の作用で認識した結果を記述するものである。いつ、どのような発明が行われたかにつき、公

証人が現地で見聞・体験し、その事実を記録化してくれる。

そして、私文書に公証人の認証が必要な場合も利用する。会社設立の際の「定款認証」が代表的である。また、海外の取引先等から、会社の定款や登記簿につき、公の認証があるものを英文で提出することを求められた場合なども、公証人による認証制度を利用する。

イ 公証役場の利用の仕方

公証役場は全国に約300か所存在するが、そこへ本人または代理人が出向いて手続を行う。所在場所について〈http://www.koshonin.gr.jp/sho.html〉を参照のこと。なお、管轄等はなく、どこを利用してもかまわない。

筆者は事前に公証役場に電話連絡し、認証を受けたい書面をFAXで送付することもある（なお、後述ウの電子公証制度では、請求・嘱託はインターネットで行うが、事前にその旨を公証役場あてに電話かFAXで連絡する必要がある）。

持参するものについても、事前に公証役場に確認したほうがよい。

以下は、契約書の認証を受ける場合で、代表者が署名している契約書につき、会社担当者が公証役場に出向く、といった場合に用意する資料等の例である。

① 認証を受ける書面1通
② 署名者の肩書きを証明する資料
　法人の登記簿謄本（資格証明書でもよい）
③ 署名者本人から代理人への委任状（代表者印を押捺したもの）
④ 代表者印の印鑑証明書
⑤ 代理人は、代理人自身の下記ⓐⓑⓒⓓのうちのいずれか
　ⓐ 運転免許証
　ⓑ パスポート
　ⓒ 住民基本台帳カード（顔写真つき）
　ⓓ 印鑑証明書と実印

ただし、契約書の内容によっては、上記以外の資料等も持参する必要もあるので、上記はあくまで参考例である。

ウ　電子公証制度

平成19年4月1日以降、法務大臣が特に指定した指定公証人による「電子公証制度」が利用できるようになった。電子内容証明郵便と同じく、インターネットから嘱託・請求ができる（ただし、電磁的記録の認証の場合、認証の際に嘱託人または代理人は公証役場へ出向く必要がある。また、同一の情報の提供を受け取るときも公証役場へ出向く必要がある）。

電子公証制度の利用範囲は以下のとおりである。

① 電子文書のかたち（パソコンに読み込める電子ファイル）になっている会社定款や、私署証書の認証を嘱託すること（＝電磁的記録の認証）
② 電子文書に確定日付の付与を請求すること（＝日付情報の付与）
③ 認証または確定日付の付与を嘱託した電子文書を20年間保存してもらうこと（＝電磁的記録の保存）
④ 認証された電子文書または確定日付が付与された電子文書の謄本を請求すること（＝同一の情報の提供）
⑤ 認証された電子文書または確定日付が付与された電子文書が真正である（改竄されてない）ことの証明を請求すること（＝情報の同一性に関する証明）

その他、具体的な利用方法、手数料等詳しくは、日本公証人連合会のホームページ〈http://www.koshonin.gr.jp/de2.html〉を参照のこと。

○事項索引○

【アルファベット】

as is ……………………………………167
back-date ……………………………35
CMS ……………………………………145

【あ行】

相手方選択の自由 ……………………13
アサイン・バック ……………………135
アズ・イズ ……………………………167
「異議を留めず」に承諾 ……………200
委託製造契約 …………………………124
印鑑登録 ………………………………36
印紙 ……………………………………43
印紙税 ………………………………33,43
受入検査 …………………………72,122
請書 ……………………………………28,44
写し ……………………………………44
営業秘密 ………………………………151
役務提供委託 …………………………125
覚書 ……………………………………30
親事業者 ………………………………125
親事業者の義務 ………………………125

【か行】

会社分割 ………………………………45
解除 ……………………………………10,50
買いたたきの禁止 ……………………172
確定日付 ……………………102,200,207
確定日付のある証書 …………………200
隠れた瑕疵 …………………………71,124
貸金業法 ………………………………144
瑕疵担保 …………………………7,15,50
瑕疵担保条項 …………………………68
瑕疵担保責任 …………………………15
過怠約款 ………………………………204

課長 ……………………………………42
合併 ……………………………………45
過納品買収 ……………………………179
完全条項 ………………………………111
期限の利益の喪失 ……………………50
危険負担 …………………………75,122
技術供与契約 …………………………131
偽造 ……………………………………36
偽装請負 ………………………………137
基本契約 …………………………21,31
記名 ……………………………………35
キャッシュマネジメントシステム …145
給付条項 ………………………………203
「協議する」 …………………………115
「協議により定める」 ………………115
競業避止義務 …………………………14
競業避止条項 …………………………107
強行規定 ………………………………13
強行法規 …………………………13,147
強制執行認諾 …………………………80
強制執行認諾付条項 …………………207
強制執行認諾文言 ……………………80
業務委託契約 …………………………135
極度額 …………………………………148
金銭消費貸借 …………………………143
グラント・バック ……………………135
グレーゾーン …………………………147
契印 ……………………………………36
継続的契約 ……………………………14
契約自由の原則 ………………………13
契約書は丸く読まない ………………119
契約上の地位 …………………………102
契約締結上の過失 ……………………89
契約の定義 …………………………2,14
契約の締結権限者 ……………………42

210

経理検収	58	下請事業者の禁止行為	125
消印	39	下請代金減額の禁止	172
検収	61, 177	下請法	125
現品渡し	167	質権設定	82
原本	33, 44	実印	36
故意	89	自動更新条項	46, 110, 111
合意書	30	自働債権	82
公序良俗違反	14, 123	「……しなければならない」	117
公正証書	80	支配人	41
公租公課の定め	112	私法	3, 16
購入・利用強制の禁止	173	資本材取引契約	124
後文	33	社名変更	45
個別契約	21, 31	重過失	28, 40, 89
混合契約	74, 124	「重大な」	118
コンサルティング契約	56	修補請求	71
コンプライアンス	17	修理委託	125
		受動債権	82
【さ行】		受領拒絶の禁止	178
債権者主義	75	種類物	67
債権譲渡登記所	200	準委任	136
催告	10	準拠法	110
催告の要否	123	商業使用人	41
裁判管轄	50, 110, 123	使用従属関係	137
債務者主義	75	仕様書	55
債務保証	50, 79	譲渡禁止	50, 102
錯誤無効	28	譲渡禁止特約	103
指図による占有移転	168	商人間売買	66
仕入価格	106	情報成果物作成委託	125
始期	35	署名	35
支給材	131, 172	書面の交付義務	171
事業譲渡	46	所有権の移転時期	76
事業本部長	41	所有権留保	84
時効	35	信義則上の注意義務	90
事実実験公正証書	207	真正	28
自主検査	132, 177	人的保証	123
「事前に通知し」	115	信頼利益	72
下請事業者	125	推定	116

事項索引

捨印	37
スポンサーシップ契約	53
「速やかに」	72, 116
数量指示売買	5
「……することができる」	117
「……するものとする」	117
成果の無保証	142
清算条項	204
誠実交渉義務	50, 88, 108
製造委託	125
製造委託契約	124
製造物供給契約	74, 124
製造物責任	50, 77
製造物責任法	77
正本	44
責め	118
「責めに帰す事由」	118
専属管轄	110
全品検査	72
前文	32
早期決済の禁止	183
相殺	50, 82
相殺条項	123
「その限りでない」	115
損害賠償	50

【た行】

対抗要件	168
代替物	124
タイトル	30
代表取締役	39
代品納入	71, 178
タイムチャージ方式	60, 140
貸与材	172
貸与品	174
「直ちに」	116
他人物売買	61

チェンジ・オブ・コントロール条項	45, 103
「遅滞なく」	116
注文書	28
通常損害	73
定額方式	60, 140
定型条項	49, 107, 123
締結の自由	13
訂正印	37
手形貸付	146
天災地変	108
「……等」	114
同時履行の抗弁権	101
独占交渉義務	89
特定	55
特定物	61
特別採用	69, 179
特約	7
特約活用機能	24
特約活用のメリット	15
土地管轄	110
「……とみなす」	116
取締役	40
取引基本契約	124

【な行】

「乃至」	118
内容証明	204
内容の自由	13
任意規定	14
任意法規	14
抜き取り検査	72
根抵当権	81
根保証契約	148
念書	44

【は行】

- バック・デイト················35
- パワーゲーム··············17,23
- 引き抜き···················143
- 引渡し·······················57
- 引渡場所···················122
- 引渡方法···················122
- ビジネス条項················49
- 秘密保持義務················50
- 秘密保持条項···············104
- 表見支配人··················41
- 表見代表取締役··············40
- ファクタリング契約··········59
- 不可抗力···················108
- 不代替物···················124
- 部長·························42
- 物的保証···················123
- 不特定物··················61,67
- プロジェクト方式········60,140
- 分離可能性·················111
- 別紙······················47,55
- 別途協議··················21,50
- 返品の禁止·················179
- 方式の自由··················13
- 法定責任····················66
- 法律行為·····················3
- 保証金······················81

【ま行】

- 自らの履行提供·············123
- 見出し······················32
- 認印························36
- 無過失責任············66,70,77
- 無権限······················40
- 無催告解除·················100
- 無保証条項··················70

【や行】

- やむを得ない事由············99
- 有償支給材等の対価の早期決済の禁止
  ··························173
- 要物契約···················143

【ら行】

- リーガル・リスク············21
- 履行遅滞··················10,91
- 履行不能··················75,91
- 履行利益····················72
- リスク管理条項··············49
- 利息制限法·················147

【わ行】

- 和解························11
- 和解調書····················11
- 割印························36
- 割引困難な手形·············183
- 「……を含むがそれらに限らない」····115

[著者略歴]

花野　信子（はなの　のぶこ）

神戸大学法学部卒。シンクタンクで研究員として勤務後、2000年弁護士登録。第一東京弁護士会所属。

主な業務分野：M&Aや企業法務全般、
　　　　　　　企業を当事者とする民事訴訟等

主な講演等：「契約の基礎講座」
　　　　　　「個人情報保護―しくみと対策―」

連絡先：光和総合法律事務所
　　　　〒107-0052　東京都港区赤坂4丁目7番15号
　　　　　　　　　　陽栄光和ビル

ビジネス契約書の基本知識と実務

平成20年2月29日　第1刷発行　　　　　　　　　定価　本体2,000円（税別）

著　者　花野　信子
発　行　株式会社　民事法研究会
印　刷　三美印刷株式会社

発行所　株式会社　民事法研究会
　　　　〒151-0073　東京都渋谷区笹塚2-18-3　エルカクエイ笹塚ビル5F・6F
　　　　TEL 03(5351)1571［営業］　FAX 03(5351)1572
　　　　TEL 03(5351)1556［編集］
　　　　http://www.minjiho.com/　　　　　　info@minjiho.com

落丁・乱丁はおとりかえします。　　　　　ISBN978-4-89628-439-3　C2032　¥2000E
カバーデザイン：袴田峯男